Claus Reissig

DAS IDEALE SCHIFF
Typen • Ausstattung • Kosten

Delius Klasing Verlag

Bibliografische Information Der Deutschen Bibliothek
Die Deutsche Bibliothek verzeichnet diese Publikation in der
Deutschen Nationalbibliografie;
detaillierte bibliografische Daten sind im
Internet über »http://dnb.ddb.de« abrufbar.

2. Auflage
ISBN 3-7688-1350-9
© by Delius, Klasing & Co. KG, Bielefeld

Abbildungen auf dem Umschlag
Foto: Hallberg-Rassy Varvs AB; Zeichnung: Jeanneau
Umschlaggestaltung und Layout: Ekkehard Schonart
Druck: Kunst- und Werbedruck, Bad Oeynhausen
Printed in Germany 2004

Alle Rechte vorbehalten! Ohne ausdrückliche Erlaubnis des Verlages darf das Werk, auch nicht Teile daraus, weder reproduziert, übertragen noch kopiert werden, wie z.B. manuell oder mithilfe elektronischer und mechanischer Systeme inklusive Fotokopieren, Bandaufzeichnung und Datenspeicherung.

Delius Klasing Verlag, Siekerwall 21, D – 33602 Bielefeld
Tel.: 0521/559-0, Fax: 0521/559-115
e-mail: info@delius-klasing.de
www.delius-klasing.de

Inhalt

Vorwort **7**
1. **Einleitung** **8**
2. **Welches Schiff für mich?** **10**
3. **Beurteilung** **14**
   Länge und Breite 15
   Ausstattung 19
   Probefahrten 19
4. **Die Konstruktion** **21**
   Die Gesetze der Physik 21
   Rumpfhöhe 21
   Entscheidung bei 30 Fuß 24
5. **Stabilität und Hydrodynamik** **25**
   Form- und Gewichtsstabilität 25
   Hydrodynamik 28
6. **Seeverhalten** **33**
   Spantformen 33
7. **Tiefgang und Verdrängung** **37**
   Kiellänge 37
   Verdrängung 39
8. **Kielformen** **42**
   Kieltypen 43
   Rumpfbefestigung 45
9. **Tiefgangreduzierung** **47**
   Doppelkieler 47
   Hubkieler 49
   Integralschwerter 50
   Schwenkkieler 52
   Tiefgang und Ruder 52
10. **Rumpfmaterial** **54**
    Kunststoff 54
    Stahl und Aluminium 56

Holz 58
Ferrozement 59
Pflege 60
Gelcoat 62

11. **Kräfte im Rumpf** **64**
    Bodenwrangen 66
    Unterzüge und Püttinge 67
    Schotten 69
    Rumpf-Deck-Verbindung 71
12. **Die Ruderanlage** **74**
    Ruderlager 74
    Kräfte beim Steuern 77
    Doppelruderanlagen 78
    Pinne, Rad und EVS 79
13. **Deck und Cockpit** **85**
    Achtercockpit 85
    Mittelcockpit 87
    Scheiben und Sprayhoods 88
    Handläufe 89
    Steuerposition 90
    Plätze zum Arbeiten 92
    Decksbeläge 93
    Stauraum 95
14. **Unter-Deck-Layout** **97**
    Aufbauvarianten 98
15. **Wohnen** **102**
    Kojen 103
    Pantry 106
    Stauraum 110
    Kartentisch 110
    Holz und Qualität 112
16. **Das Rigg** **114**
    Takelung 114
    Salinge 116

Materialien 118	
Masthöhe 120	
Das Aero-Rigg 120	

17. Segel **123**
  Großsegel 125
  Rollsysteme 128
  Segelmaterial 129
  Vormwind-Segel 131
  Spinnaker 131
  Gennaker 132
  Blister 133
  Setz-und Bergehilfen 134

18. Decksbeschläge **136**
  Winschen 136
  Reibung 138

Großschot 140
Anker 141
Ankertypen und Zubehör 143

19. Die Maschine **145**
  Saildrive oder Welle 145
  PS und Propeller 147
  Bugstrahlruder 150

20. Die Technik **152**
  Elektrik 152
  Wasser 153
  Toiletten 154

21. Die Kosten **156**
  Jeder Meter mehr 156
  Wartung 157

Vorwort

Gäbe es das ideale Schiff, könnte man als Werft eine Menge Geld damit verdienen, es einfach zu bauen. Doch die persönlichen Bedürfnisse und die Charakteristika von Schiffen sind derart vielfältig, dass das jeweilige ideale Schiff immer nur für seinen Besitzer wirklich vollkommen ist. Generelle Grundlage für die Zusammenstellung aller Einzelteile ist das Wissen um die Zusammenhänge eines Segelschiffes. Während dieses Wissen in der Literatur für klassische Schiffe in Hülle und Fülle vermittelt wird, scheinen moderne Yachten diesen Aufwand nicht Wert zu sein, Spezialformen wie das Regatta- oder Langfahrtsegeln einmal ausgenommen. Zu einfach ist wohl alles geworden: Häfen gibt es überall, Chartern ist eine normale Urlaubsform, und wenn der Wind nicht will, muss halt die Maschine ran.

Über diesem Denken scheint das Wissen über die Schiffe, die man kaufen oder segeln möchte, zu verblassen. Fachgespräche finden auf den Ausstellungen nur noch am Rande statt; nicht nur den Seglern fehlen viele Argumente, sondern häufig auch den Verkäufern und teilweise sogar den Erbauern. Alles Wissen wird gnadenlos in einen Topf geworfen, ohne wirklich zu differenzieren.

Dieses Buch soll den Hintergrund schaffen, um die Zusammenhänge moderner Yachtsegelei wirklich zu verstehen. Von der so entstehenden Kommunikation profitieren letztlich alle: Die Werften können sicher sein, dass der Wert ihrer Arbeit richtig eingeschätzt wird, und der Segler erlebt bei seinem ersten Segeltörn mit einem neuen Schiff keine bösen Überraschungen.

Und letztlich ist es auch ein interessantes Thema für lange Winterabende, das sich weit über die Diskussion von Rumpfmaterial und theoretischer Rumpfgeschwindigkeit hinausbewegen kann. Dieses Buch soll kein hochtechnischer Ratgeber sein – davon gibt es bereits jede Menge auf dem Markt. Vielmehr soll es Sie sensibilisieren, was ein Schiff wirklich kann oder können müsste und was eindeutig ins Reich der Fabeln gehört.

Vielleicht hilft es Ihnen dann beim Besuch der nächsten Messe und beim Umgang mit den Argumenten, die dort auf Sie einprasseln. Zumindest aber wird das Gewichten der Argumente leichter und das Finden Ihrer eigenen Bedürfnisse auch.

Für alle, die kein Schiff kaufen wollen, ist das Buch bei der Beurteilung eines Charterschiffes hilfreich oder beim Gang durch den Hafen informativ. Es öffnet die Türen zu einem großen Teil der Geheimnisse der Yachtsegelei.

Im Text auf alle auf dem Markt befindlichen Schiffe en détail einzugehen, ist dabei nicht möglich und wäre auch nicht sinnvoll, weil man garantiert eines vergessen würde. Vielmehr sind die Beispiele von Schiffen sehr bekannter Werften exemplarisch für viele andere, ähnliche Konstruktionen gedacht, ohne dass diese schlechter oder besser sind.

Am Ende jedes Kapitels sind die Kernpunkte jeweils stark vereinfacht zusammengefasst. Sie sollen immer im Verbund mit der differenzierten Betrachtung im Text gelten und lediglich bei der Orientierung helfen.

Claus Reissig
www.das-ideale-schiff.de

1. Einleitung

Claus Reissig hat vier Atlantiküberquerungen hinter sich, lange als Charterskipper gearbeitet und über 5000 Meilen mit Testschiffen gesegelt. Foto: Reissig

In meinen Jahren als Tester für Segelyachten bin ich wohl über so ziemlich jedes Argument gestolpert, das den Werften und Verkäufern zum Vermarkten ihrer Segelyachten dienlich sein konnte. Anfangs habe ich das meiste geglaubt (wie wohl jeder – denn die Händler und Hersteller müssen es ja schließlich wissen). Nach 40 oder 50 Testschiffen wurde jedoch jedes Argument schnell relativiert. Es stellte sich heraus, dass natürlich jedes positive Argument seine Richtigkeit hatte, da lag ich mit meinem Glauben nicht unbedingt falsch. Ich entdeckte jedoch auch, dass es für jeden positiven Punkt einen gleichwertigen negativen gab. So galt es nur noch die jeweils Zusammengehörigen zu finden und beide Seiten gegeneinander abzuwägen. Dann stellte sich schnell heraus, ob ein Schiff eher ein gelungener Wurf, ein Blender für die Messe oder einfach eine Konstruktion ohne roten Faden war.

Jede Yacht ist ein in sich geschlossenes System. Dies gilt vor allem für die Aufteilung des Schiffes, bei der selbst nach Jahrzehnten des modernen Bootsbaus noch keine wirkliche Revolution eingetreten ist. Wie auch? Ein 33-Fuß-Schiff ist zehn Meter lang und das wird auch nicht mehr, wenn man daraus ein so genanntes »Raumwunder« nach dem Willen vieler Werften macht. Die Kojenlängen, Salon, Pantry, WC und Stauräume füllen das Schiff einfach aus, von vorne bis hinten. Da auch in der äußeren Form keine Revolutionen eingetreten sind, wird der umbaubare Raum bis auf einige Zentimeter hier oder da ebenfalls nicht größer.

Zum Zweiten ist ein Schiff ein geschlossenes Kräftesystem. Jeder Techniker weiß dies und jeder Laie wird das nach dem Lesen dieses Buches verstehen. Mast, Rigg, Kiel, Segel und Rumpf gehören einfach zusammen. Und wer auch immer meint, eines dieser Teile warum auch immer grundlegend ändern zu müssen, der hat entweder die Gesetze der Physik überlistet oder irgendwo einen Negativpunkt erzeugt, den er uns am Anfang nicht gleich verraten möchte.

Oft verlassen sich die Verkäufer auch einfach darauf, dass der Bootskäufer keine ausreichende Segelerfahrung haben kann. Er macht das ja nicht beruflich, deswegen kann er das nicht wissen – basta. Lassen Sie sich aber davon besser nicht ins Bockshorn jagen. Viele (sehr viele!) Importeure, Hersteller und Verkäufer, die ich kennen gelernt habe, waren keine besseren Segler als der Durchschnittswassersportler. Lediglich die Aura der Unfehlbaren umgibt diese Herrscher über das

Einleitung

Gut, das wir gerne hätten: die Segelschiffe. Häufig sind sie aber nicht nur lausige Segler, sondern auch noch schlechte Kaufleute.

Eigentlich muss doch jeder Kaufmann wissen, dass ein Kunde, dem einmal Ausrüstung verkauft wurde, die nicht funktioniert, oder dem Versprechungen gemacht wurden, die nicht eingehalten werden können, das nächste Mal nicht wiederkommt.

Tut er aber trotzdem. Warum? Weil alle Menschen, die Schiffe zwischen 10 000 € und einigen Millionen verkaufen wollen, sehr höflich sind. Wenn Sie sich also einmal auf einen Punkt eingeschossen haben, werden die einen Teufel tun und Ihnen den wieder ausreden. Wer nimmt schließlich schon gern ein Schiff für Tausende von Euro Transportkosten von einer Messe mitten im Winter wieder mit nach Hause, wenn er es dort verkaufen kann?

Und so sind viele Argumente häufig nur höflich an den Geschmack der Kunden angepasst. Und dieser Geschmack ist auf einer Messe mitten im Winter logischerweise ein ganz anderer als bei sieben Windstärken im Sommer vor Fehmarn. Beurteilt man doch auf einem aufrecht stehenden Schiff mit Wintermantel und vier Tüten beladen einen Salon ganz anders, als wenn man versucht, bei Lage Halt auf dem Wege zum WC zu finden. Auf die fehlenden Handläufe unter Deck eines neuen Testschiffes angesprochen, antwortete mir einmal der Seniorchef einer großen schwedischen Werft: »Die kann jeder umsonst bekommen, die schraub´ ich sogar eigenhändig an. Aber ich fahre nicht mit Handläufen unter der Decke zur Messe. Wenn sich da einer den Kopf stößt, habe ich eventuell einen Kunden weniger!«

Noch krasser drückte es der Verkaufsleiter eines mitteleuropäischen Herstellers einmal aus: »Am liebsten würde ich nur Schiffe ohne kardanischen Kocher und Positionsleuchten ausstellen. Schließlich entscheiden die Frauen mit – und wenn ich denen den Sinn dieses Zubehörs erkläre, kriegen die gleich Visionen von Kochen auf See und Segeln bei Nacht. Dann gehen die lieber zum nächsten Stand, wo ihnen versprochen wird, dass es da nicht so ist.«

Damit wir uns nicht missverstehen: Das alles gilt selbstverständlich nicht nur für die Verkäufer neuer Schiffe, sondern auch für jeden Verkäufer einer gebrauchten Yacht. Auch hier geht es immer um große Summen von Geld, gewaltige Folgekosten und eine Anschaffung, die man vielleicht nicht so schnell wieder los wird.

Auf der Messe kann man sich zwar ein Bild über den Markt verschaffen, sein Traumschiff findet man hier aber selten. Foto: HMC/Zapf

2. Welches Schiff für mich?

Am Anfang jeder Entscheidung steht der schwierigste Punkt von allen: Was möchte ich denn eigentlich für ein Schiff haben? Neulich fragte mich ein Freund um Rat, der auf der Suche nach einem neuen Schiff war: Was ich von einer Shark 24 hielte? Dabei hatte er mich im letzten Jahr noch gefragt, was ich über einen Dragonfly 800 denke – ein vollständig anderes Schiff mit anderen Segeleigenschaften für ein anderes Fahrtgebiet mit einem anderen Charakter. Das eine ein Kunststoffschiff, dessen Konstruktion auf die 60er-Jahre zurückgeht, das andere ein hochmoderner Trimaran.

Nach einigem Hin und Her kamen wir schließlich auf den Punkt, was er mit dem Schiff eigentlich vorhat. Es soll an der Ostsee liegen und sich abends mal schnell fertig ma-

Neben exzellenten Segeleigenschaften soll das ideale Schiff natürlich einen schnellen Rumpf, viel Platz und Komfort bieten. Foto: Reissig

chen lassen, damit man noch kurz raus kann. Und die Shark sähe irgendwie ganz knuffig aus. Aha, dachte ich, emotional ist die Entscheidung schon gefallen. Und genau an diesem Punkt liegt für die meisten Bootskäufer auch das Problem. Die Entscheidung fällt meist nicht im Kopf, sondern wird mit Bauch und Herz getroffen. Liegt das Schiff dann erst einmal dort, wo man damit fahren möchte, stellt sich eventuell heraus, dass der Kauf leider einem Traum näher war als der Realität.

Natürlich sieht ein alter Fischkutter mit lauter hübschen jungen Leuten an Bord prima aus, wenn er so vor Anker in der Karibik liegt. Bis dahin und vor allem von dort wieder weg ist es aber ein harter Weg, für den der Lohn vor Anker mit einem Glas Rum in der Hand nicht besonders hoch ausfällt.

Ideal wäre es, den Bauch komplett auszuschalten (klingt einfach), sich bei der Kaufentscheidung voll aufs rationale Denken zu verlassen und sich zu überlegen, was man denn in den nächsten Jahren wirklich braucht. Am sichersten macht man sich erst einmal eine Liste mit Sachen, die eine Yacht erfüllen muss. Idealerweise müsste das neue Schiff natürlich alle Punkte erfüllen:

- luftige, großzügige Eigentumswohnung, die ruhig vor Anker liegt
- unverwüstliche, zuverlässige, aber moderne Technik
- exzellentes Seeverhalten, das auch mal kleine Fehler verzeiht

Nur auf einem richtig großen Schiff werden alle Wünsche erfüllt, je kleiner es ist, desto mehr Kompromisse müssen gemacht werden. Foto: Reissig

Welches Schiff für mich?

- eine hohe Reisegeschwindigkeit
- nahezu unendlich großer Stauraum
- eine große, leichte Maschine mit sehr geringem Verbrauch
- sehr leicht und damit einfach zu manövrieren
- günstig im Unterhalt
- ebenso preiswert zu kaufen
- klein, am besten trailerbar
- und natürlich eine Augenweide

Dieses Schiff wird es vermutlich aber nicht geben, obwohl natürlich kein Verkäufer müde werden wird, Ihnen glaubhaft zu versichern, dass eine 9-PS-Maschine mächtig groß ist, dass die Stauräume Fahrräder, Beiboote und Ersatzanker leicht aufnehmen, sich das Schiff kinderleicht manövrieren lässt...

Der letzte Punkt der Liste ist zudem dazu geeignet, alle anderen Punkte ad absurdum zu führen, soll das Traumschiff nicht gut 20 Meter lang sein.

Hat man sich entschieden, klaffen in der Realität Traum und Wirklichkeit oft hoffnungslos auseinander. Foto: Reissig

Seien Sie sich klar darüber, dass Ihre zukünftige Traumyacht nur einen Kompromiss darstellen kann und entscheiden Sie, auf welche Punkte Sie zu diesem Zeitpunkt am ehesten verzichten können. Eventuell muss zu einem späteren Zeitpunkt noch mal ein anderes Schiff gekauft werden, das die Schwerpunkte woanders setzt. Zunächst gilt es ein Paket von Eigenschaften zu schnüren, die das Schiff jetzt und in naher Zukunft erfüllen soll und die lediglich ein Minimum an Enttäuschung versprechen.

Dazu gehört neben dem zur Verfügung stehenden Geld, auf das wir später noch zu sprechen kommen, der absolut ehrliche Umgang mit sich selber, wenn es um die Beurteilung von Notwendigkeiten geht. So kann wohl ein 13 Meter langes ehemaliges Regattaschiff für manchen ideal sein. Das gilt jedoch nicht, wenn man nicht immer drei bis sechs Leute als Gäste an Bord haben will, die helfen, ein so aufwändiges Schiff zu bewegen. Auch kann ein Trimaran ein tolles Schiff sein, nicht jedoch, wenn man gern Regatten im heimatlichen Segelverein mitsegeln möchte und Mehrrümpfer dann ausgeschlossen sind.

Ein anderes Beispiel: Ein schnittiger Langkieler bringt Ihr Herz zum Schmelzen, weil er so richtig nach Seefahrerromantik aussieht. Meist jedoch hielten die Seefahrer aus dieser Zeit die beengten Verhältnisse unter Deck und den geringen Speed im Vergleich zu heutigen Schiffen schon für den absoluten Luxus. Sind Sie jedoch Dusche, Stehhöhe und eine vernünftige Pantry vom letzten Charterurlaub gewöhnt, kann so ein Schiff eine herbe Enttäuschung sein. Und schwer wieder zu verkaufen ohnehin.

Am schlimmsten kann es Sie als Käufer treffen, wenn Sie einer Yacht begegnen, die so aussieht, als hätte sie schon einige Atlantiküberquerungen hinter sich, oder hätte vor, dies zu tun. Entweder steht der Kaufpreis in keinem Verhältnis zu den anstehenden Reparaturen, oder sie ist einfach tonnenschwer, völlig untertakelt und fährt kaum über fünf Knoten. Mit solchen Schiffen, zumeist aus Stahl, lässt sich zwar ein mittleres Korallenriff mitten hindurch teilen (aus Umweltschutzgründen nicht anzuraten), das Segelerlebnis ist häufig jedoch einfach tragisch. Vor allem, wenn ringsherum alle Schiffe drei Knoten schneller sind und Sie als Letzter in einer vollen Bucht eintreffen. Solche Yachten haben häufig bei den Bootshändlern schon für ein Viertel des geforderten Kaufpreises den Besitzer gewechselt.

3. Beurteilung

Der Yachtmarkt ist eigentlich durch nichts begrenzt. Auf dem Wasser ist nahezu alles erlaubt; außer der CE gibt es kaum Regeln und Normen, die festschreiben, dass ein Schiff in bestimmten Bereichen eine bestimmte Form haben muss. Beim Kauf ist man daher unwillkürlich versucht, verschiedene Schiffe einer Größe miteinander zu vergleichen. Sozusagen als kleinster gemeinsamer Nenner. Das ist man vom Autokauf ja auch so gewöhnt: In der Mittelklasse gibt es einen Scorpio, eine C-Klasse und einen Passat. Bei ungefähr der gleichen Motorisierung und Ausstattung lassen sich die Preise dann einfach miteinander vergleichen, und der Käufer kann abwägen, ob ihm das Image eines Mercedes einige tausend Euro mehr wert ist oder nicht.

Diese Möglichkeit gibt es bei Schiffen nur in einem sehr begrenzten Umfang. Neben den komplett unterschiedlichen Konzepten, die

Der erste Vergleich geht über die Länge, die Größenangaben sind jedoch nicht verbindlich.
Foto: HMC/Nico

man Schiffen häufig äußerlich nicht ansieht, fangen die Schwierigkeiten schon bei dem Begriff der Länge an: Hier muss zunächst einmal eine wirklich vergleichbare Größe gefunden werden. Nicht jedes 35-Fuß-Schiff ist auch 35 Fuß lang. Ehe man mehrere hunderttausend Euro ausgibt, lohnt sich da ein direkter Vergleich. Am wichtigsten ist es, zu wissen, wie das Schiff gemessen wurde.

Länge und Breite
Als Indikatoren stehen die Länge über Alles (LüA), die Rumpflänge und die Länge in der Wasserlinie (LWL) zur Verfügung.
Als Käufer gilt es erst einmal herauszufinden, wie diese Begriffe bei den einzelnen Schiffen ausgelegt wurden. Wenn der Bugbeschlag oder der Bug- und Heckkorb bei der »Länge über Alles« mit einbezogen wurden, muss dieses Maß im Vergleich mit anderen Schiffen abgezogen werden, wenn diese bei einem 29-Fuß-Schiff ehrlich die Rumpflänge als Maßstab für die »29« im Namen annehmen. Dadurch kann ein vermeintliches 30-Fuß-Schiff genauso teuer, aber nur in der Definition wirklich größer sein.

Zur Verdeutlichung ein Vergleich von Bezeichnungen in der populären 29-Fuß-Klasse: Ein Fuß misst genau 0,3048 Zentimeter. Rechnet man die Rumpflängen verschiedener Schiffe einmal in Fuß um, so hieße eine Dehler 29 eigentlich 28,7 und eine Etap 30 müss-

Ausnahmefälle: Die Elan 295 ist in Wirklichkeit über 30 Fuß lang, ...
Foto: Elan

Beurteilung

... die Hallberg-Rassy 46 fast 49 Fuß, meist ist's umgekehrt. Foto: Hallberg-Rassy Varvs AB

te 29,3 heißen. Deutlicher wird die Differenz bei einer Jeanneau 29.2, die es umgerechnet nur auf 27,9 Fuß bringt. Lediglich bei Elan gibt es verdeckt noch etwas dazu: Die Elan 295 vermisst in Wirklichkeit mit 30,2 Fuß. Im Vergleich ist immer nur die Rumpflänge interessant, denn wie weit Anbauteile überstehen, ist keine Aussage über die wahre Größe. Es gibt keine Vorschriften, nach denen die Länge wirklich korrekt anzugeben ist. Wenn man im Zweifel ist, sollte die Yacht lieber einmal nachgemessen werden, um sicher zu sein, dass die Prospektangabe auch mit der Realität übereinstimmt. Je kleiner das Schiff ist, desto auffälliger werden die fehlenden Zentimeter während der Nutzung. Um zu einem korrekten Ergebnis zu kommen, wird an Bug und Heck jeweils ein Lot gefällt. Auf dem Boden lässt sich das Maß einfach mit einem Zollstock kontrollieren. Geteilt durch die Länge eines Fußes (0,3048 Meter) erhält man so für sich vergleichbare Schiffsbezeichnungen.

Das gilt genauso für die Breite, die vor allem den innen nutzbaren Raum beeinflusst. Will man sich nicht auf absolute Werte festlegen, teilt man die Länge durch die Breite und vergleicht die Verhältnisse miteinander. Je kleiner das Verhältnis, desto voluminöser muss das Schiff verglichen mit seiner Länge innen sein.

Auf gute Kreuzeigenschaften konstruierte Yachten wie Dehler 29 oder Elan 295 verfügen beispielsweise über Breiten-/Längenverhältnisse von ungefähr 1:3 (1:2,97 beziehungsweise 1:3,09). Mehr auf Raum gebaute Schiffe liegen in dieser Größenklasse eher bei 1:2,8. Das lässt im Vergleich zu ihren Segelflächen und dem Gewicht einen deutlichen Schluss auf den Charakter und die Eigenschaften auf dem Wasser zu. Im Gegenzug verfügt ein schmaleres Schiff über sehr viel

Länge und Breite

kleinere Decks-, Cockpit- und Kabinenflächen als zum Beispiel ein breiteres. Je größer die Schiffe werden, desto weiter verschiebt sich das Verhältnis in Richtung »schmal«. Letztlich lassen sich auch große Yachten nicht unendlich breit machen.

Auch die Wasserlinienlänge beeinflusst den Charakter. Es kann aber sein, dass im direkten Vergleich eine Yacht eventuell mit einem steilen Steven und einer damit einhergehenden langen Wasserlinienlänge punkten kann, während Schiffe mit einer größeren Länge und größeren Überhängen eventuell wesentlich langsamer sind.

Legt man auf eine gute Raumausnutzung des zu kaufenden Schiffes wert, so sollten Badeplattformen im Größenvergleich immer mit berücksichtigt werden. Zwar ist der Gedanke verlockend, eine kleine Terrasse hinter dem Spiegel mit sich herumzufahren, in der nutz-

Wer eine große Badeplattform kauft, verliert den Platz unter Deck. Die Elan 36 (oben) schafft Raum mit einem steilen Spiegel. Fotos: Elan/Reissig

Beurteilung

baren Länge müssen dafür jedoch kräftige Abzüge hingenommen werden. Ein steiles Heck ist zwar zum Baden vielleicht unattraktiver, doch das Cockpit wird einen halben Meter länger. Dadurch könnte der Aufbau einen halben Meter weiter nach hinten reichen, wodurch wiederum die Kajüte größer wird, und so weiter.

Auch hier gilt natürlich wieder, dass sich diese Zentimeter bei kleineren Schiffen stärker niederschlagen als bei großen, der Luxus Badeplattform also mit größeren Abstrichen im Lebensraum erkauft wird. In der Praxis macht sich leider häufig bemerkbar, dass Werften fällige Neukonstruktionen durch eine angesetzte Badeplattform kaschieren. Da taucht dann vielleicht eine zehn Jahre alte 30-Fuß-Yacht als Weltpremiere mit der Bezeichnung »31« wieder auf, ohne dass bei der Ausstattung oder der Decksform auch nur das Kleinste geändert werden musste. Das Schiff ist aber jetzt einen Fuß größer und kostet dementsprechend mehr. Es lohnt sich im Zweifel zu überprüfen, ob der angegebene Konstrukteur tatsächlich der der aktuellen Linie ist. Wird er nur in zweiter Reihe, quasi als Co-Konstrukteur genannt, kann es sich um ein lediglich gestrecktes Schiff handeln.

Schiffstyp	Rumpflänge in Metern	Rumpflänge in Fuß
Jeanneau Sun Odyssey 29.2	8,50	27,89
Dehler 29	8,87	28,70
Etap 30 i	8,93	29,30
Elan 295	9,20	30,18
Elan 36	10,69	35,10
Bénéteau Oceanis Clipper 361	10,80	35,43
Dufour 36 Classic	10,82	35,50
Jeanneau Sun Odyssey 37	10,95	35,93
Bavaria 37	11,15	36,58
Hunter 380	11,30	37,07
Hallberg Rassy 36	11,31	37,10
Etap 39s	11,60	38,06
Dehler 39	11,80	38,72
Sunbeam 39	11,95	39,20
Hallberg Rassy 39	12,22	40,10
Sunbeam 44	12,98	42,59
Jeanneau Sun Odyssey 45.2	13,80	45,28
Bénéteau Oceanis Clipper 47.3	14,15	46,42
Bavaria 47	14,35	47,08
Hallberg Rassy 46	14,78	48,49

Ausstattung

Wie beim Autokauf gehört zu einem Schiff die Ausstattung, unterteilt in serienmäßiges Zubehör und aufpreispflichtige Extras. Der wahre Preisunterschied lässt sich daher auch hier nur ausstattungsbereinigt vornehmen, das heißt, dass die zu vergleichenden Schiffe auf den gleichen Standard hochgerechnet werden müssen. Selbst bei der Serienausstattung muss das Niveau noch überprüft werden. Zu unterschiedlich sind die Vorstellungen in punkto Dimensionierung und Anzahl. Dazu zählen zum Beispiel Anzahl und Größen von Winschen, Hebelklemmen und Batterien, die Standardmotorisierung oder Extras wie die Überführung zum Liegeplatz und das notwendige Antifouling.

Bietet ein günstiger Hersteller serienmäßig teure Harken-Winschen an, so sind sie häufig zahlenmäßig viel weniger als bei der Konkurrenz oder schlicht zu klein, um als vollwertige Genuawinsch auch von schwächeren Crewmitgliedern genutzt zu werden. Dasselbe gilt für die Größe der Maschine: Auch hier kann der eine Hersteller als Standard einen Dreizylinder anbieten, während sich der andere aus Preisgründen auf einen Einzylinder beschränkt. Rechnet man dann den größeren Diesel als Extra, ist der Preisvorteil häufig dahin. Viele angebliche Sonderangebote verlieren bei einfachen Dimensionsvergleichen schnell ihren Glanz.

Probefahrten

All diese Dinge lassen sich auf einer Messe nur in einem begrenzten Umfang sicher beurteilen. Auch ein Fachmann kann nur annähernd sagen, ob nun eine 40er oder 44er Lewmar-Winsch für die große Genua ausreichend sein wird. Den Beweis kann immer nur eine ausgiebige Probefahrt erbringen.

Eine richtige Probefahrt mit Testprogramm muss dem Kauf vorangehen. Foto: Reissig

Dafür sollte man sich auf jeden Fall die nötige Zeit nehmen. Liegt das Schiff erst einmal am heimatlichen Liegeplatz, ist es für Reklamationen eventuell zu spät. Bei einer Probefahrt bei drei bis vier Beaufort lässt sich schnell herausfinden, ob die Dimensionierung der Beschläge richtig war. Dabei sollte das Schiff so benutzt werden, wie später in der Praxis. Dazu gehören Motor- und Segelmanöver genauso wie Kreuzen hart am Wind und Vorwindgänge. Ein Halbwindsgang über die Förde und auf Gegenkurs zurück ist zwar ein schöner Ausflug, mit der Realität hat er aber wenig zu tun. Man sollte daher sein eigenes kleines Testprogramm fahren, um nichts auszulassen.

Dabei kann man das Ruder ruhig abgeben und sich eine halbe Stunde lang unter Deck umsehen, um alles einmal in die Hand zu nehmen und auszuprobieren, wenn das Schiff Lage schiebt. Wenn anschließend der endgültige Kaufvertrag gemacht wird, kön-

Beurteilung

nen die Änderungsvorschläge noch relativ günstig von der Werft während der Produktion vorgenommen werden. Nachträgliche Änderungen sind meist mit immensen Kosten verbunden – und das ist keine Schikane der Hersteller. Schließlich lässt sich ein Bugstrahlruder viel einfacher einbauen, wenn die Inneneinrichtung noch neben dem Schiff steht, statt im Nachhinein, wenn alle Einbauten gemacht sind und das Schiff bereits an seinen Liegeplatz ausgeliefert ist. Der Aufpreis für eine solche verspätete Entscheidung kann für den Käufer dann leicht bei 100 Prozent liegen.

Experten, die sich in diesen Bereichen auskennen, gibt es erfahrungsgemäß nicht sehr viele. Man sollte aber Freunde oder Mitsegler zu Rate ziehen, die als Beobachter beim Probetörn dabei sind und im Nachhinein einige Punkte zu bedenken geben. Will man kein Risiko eingehen, lohnt es sich, einen professionellen Kaufberater zu beschäftigen, der seine Erfahrung durch weite gesegelte Törns und vor allem durch viele unterschiedliche gesegelte Schiffe nachweisen kann. Denn nur, wenn er die konkurrierenden Schiffe kennt, wird er einen verbindlichen Rat geben können. Der Preis für eine solche Beratung liegt im Allgemeinen zwischen zwei und fünf Prozent des Kaufpreises, abhängig vom Preis der Yacht.

Werden aufwändige Extras beim Kauf nicht gleich mitgeordert, kostet die Nachrüstung häufig sehr viel Geld.
Foto: Hallberg-Rassy Varvs AB

4. Die Konstruktion

Die Konstrukteure von Fahrtenschiffen werden heutzutage auf eine harte Probe gestellt. Frühere große Namen der Szene waren Herreshoff oder nach dem Krieg van de Stadt. Heutzutage wird die Konstruktionsarbeit von Spezialisten wie Jacopin und Jacopin, Groupe Finot oder German Frers geleistet. Und war eine Yacht früher in der Beurteilung einfach ein herrlich seegehendes Schiff mit traumhaften Linien, so verlangt der Markt heute wesentlich mehr von einer Yacht. Denn neben den Segeleigenschaften ist Raum gefragt, lange vorbei die Zeiten der Hundekojen und Petroleumkocher. Heute sprechen wir von Doppelbetten und Nasszellen – warmes Wasser, CD-Spieler und Heizung inklusive. Und jedes Jahr wird von den Werften ein neuer, revolutionärer Wurf erwartet.

Die Gesetze der Physik

Konstruktiv hält sich die Möglichkeit dazu aber in einem engen Rahmen, denn das Segeln folgt den allgemeinen Gesetzen der Physik. Immer, wenn ein neues Schiff aufgrund seiner revolutionären Eigenschaften hoch gelobt wird, verbirgt sich häufig in zweiter Linie ein noch ungenannter Nachteil. Auch der Konstrukteur bekommt große Vorteile nicht geschenkt. Es bleibt die Frage, mit welchem Punkt man am ehesten zu leben gewillt ist.

Das, wo sich Vor- und Nachteile am häufigsten in die Quere kommen, sind die Segeleigenschaften, Bequemlichkeit an Deck und der Komfort unter Deck, jeweils verglichen mit der Länge. Auf einen einfachen Nenner gebracht könnte man sagen: Je höher der Rumpf, desto mehr Platz unter Deck und umgekehrt. Vor allem bei kleineren Schiffen bis zu 35 Fuß macht sich dieser Umstand schnell bemerkbar. Die Anforderungen sind gerade in diesem Größenbereich hoch und die Suche nach dem Optimum soll von einem möglichst geringen Preis begleitet werden.

Macht also ein Schiff beispielsweise als »Raumwunder« oder »Raumschiff« von sich reden, lauert auch hier irgendwo ein handfester Nachteil. Realistisch sind Stehhöhe und ein vernünftiger Lebensraum erst ab ungefähr 10 Metern zu erreichen, also 33 Fuß. Darunter ist das Ganze entweder nur mit sehr hohen Rümpfen oder Aufbauten beziehungsweise einem größeren Tiefgang des Rumpfes zu realisieren, was sich im Umkehrschluss in den Segel- und Handlingeigenschaften wiederfindet.

Rumpfhöhe

Ein gutes Beispiel dafür sind die Bankhöhen bei Cockpits und die heute angebotenen Achterkabinen mit Doppelkoje unter ihnen. Ist der Raum über dem Bett unter der Cockpitwanne schon bei einem kleinen Schiff hoch und bequem, muss man damit leben, dass die Beine beim Sitzen im Cockpit sehr weit angezogen werden müssen, oder der Rumpf im Vergleich zu Schiffslänge und Rumpftiefgang recht hoch gebaut wurde und man beim Segeln regelrecht auf dem Schiff thront.

Betrachtet man dieses Schiff jeweils im Verbund von Innen und Außen, wird der Zusammenhang schnell klar. Das ideale Cockpit ist

Die Konstruktion

Prioritäten setzen: Ein tiefes, geschütztes Cockpit ist zwar ideal zum Segeln, doch die verbleibende Achterkajüte wird umso kleiner. Fotos: Reissig

tief und bequem zum Sitzen. Das erfordert einen Süll, an den man sich anlehnen kann und eine Höhe der Cockpitbänke, die entspanntes Sitzen zulässt. Dadurch wird die Cockpitwanne tief ins Schiff und in die darunter liegende Achterkabine hineinreichen – die Höhe der Koje muss entsprechend knapp ausfallen. So etwas lässt sich aus einer Prospektzeichnung nicht auf Anhieb ersehen, denn dort ist das Deck nicht zu finden. Die Doppelkoje hingegen ist trotz einer Höhe eingezeichnet, die man kaum einem Menschen zumuten kann, und sei es auch ein Segler.

Das zeigt das Dilemma, in dem Konstrukteure heute stecken. Tiefe, gut schützende Cockpits waren noch bis in die 1960er- und 1970er-Jahre der Segelei durchaus üblich, Hundekojen unter den Cockpitbänken jedoch auch. Und das aus gutem Grund: Der Platz unter der Plicht war schlicht zu gering, um eine Doppelkoje einzubauen.

Also muss der Rumpf oder für die Stehhöhe zumindest der Aufbau zähneknirschend höher werden, obwohl beide Varianten selbst bei Yachtkonstrukteuren nicht gewollt sind.

Bei einem 35-Fuß-Schiff wiegt ein komplettes Deck mit allen Beschlägen gut eine Tonne. Jeder Zentimeter mehr an Höhe verlagert den Schiffsschwerpunkt damit stark nach oben: Die Yacht wird weniger steif sein. Mit einem größeren Kielgewicht lässt sich dieses Manko nur zum Teil ausgleichen. Zum einen verschiebt sich dadurch die Konstruktionswasserlinie, was einen direkten Einfluss auf die Segeleigenschaften hat, zum anderen wird ein überballastetes Schiff sehr holprig in seinen Bewegungen.

In der Praxis ruft ein zu hoher Aufbau vor allem bei Manövern im Hafen Probleme hervor, wenn das Schiff bei Seitenwind auf Drift geht. Verglichen mit dem geringen Rumpftiefgang und der bescheidenen Kielfläche eines kleinen Schiffes, ist eine hohe Bordwand eine gewaltige Segelfläche, die ein Schiff auch ohne gesetzte Segel zügig losfahren lassen kann. Das eingeleitete Anlegemanöver endet dann bei einer kleinen Crew schnell in einem ungewollten Problemfall, für den der Rudergänger nicht einmal verantwortlich ist. Ein Yachtkonstrukteur hat einmal zum The-

Rumpfhöhe

Gerade bei Hafenmanövern und Wind driftet ein hochbordiges Schiff sehr schnell. Foto: Reissig

Bei kleinen Schiffen ist die gewünschte Stehhöhe unter Deck nur über einen hohen Aufbau zu realisieren. Foto: Bénéteau

Die Konstruktion

ma Lebensraum bei Schiffen unter 30 Fuß gesagt: »Stehhöhe lässt sich nur über hohe Rümpfe und Aufbauten oder einen größeren Tiefgang machen. Beides wollen die Leute aber eigentlich nicht: Das Erste sieht unmöglich aus, das Zweite macht das Schiff zu langsam!«

Entscheidung bei 30 Fuß
Bei Segelyachten ab 30 Fuß wird die Sache mit jedem Fuß Länge einfacher. Die zunehmend gestreckten Linien lassen die Rümpfe und Aufbauten im Vergleich zur Länge immer niedriger erscheinen und ab zirka 45 Fuß ist eine Erhöhung des Rumpfes schlicht nicht mehr nötig – die Stehhöhe unter Deck reicht nun aus und eine größere würde keinen Sinn mehr machen. Genauso proportional nimmt auch die Fläche unterhalb der Wasserlinie zu, und der großen Fläche, die dem Wind entgegengesetzt wird, steht eine große Fläche unter Wasser entgegen, die den Vorwärtsdrang hemmt.

So steht der Käufer konstruktionsbedingt bei 30 Fuß, also knapp zehn Metern, an einem Scheideweg zwischen Lebensraum und einem optimal segelnden Schiff. Wird auf gute Segeleigenschaften Wert gelegt, wird sich der Raum unter Deck zum Aufhalten zwar eignen, jedoch nicht zwingend dazu einladen. Erst bei längeren Schiffen sind die Proportionen konstruktiv so ausgeglichen, dass die Kabine den Begriff Wohnraum auch wirklich verdient.

In den Prospekten kleinerer Yachten lässt sich übrigens noch ein Phänomen beobachten, das auch einen Daysailor zu einem vermeintlichen Riesen werden lassen kann: Die eingezeichneten Segler sind häufig nicht größer als 10-jährige Knirpse, die zudem noch mutterseelenallein an Bord sind. So erscheint jede Koje wie ein französisches Bett und der 32-Füßer wirkt von außen wie eine 45-Fuß-Yacht mit Platz für mindestens 6 Personen.

KONSTRUKTION

Hoher Rumpf und Aufbau
  + Stehhöhe unter Deck
  + Platz für achtere Doppelkoje

  – seitenwindempfindlich
  – hoher Schwerpunkt
  – unruhiges Ankerliegen

Tiefes Cockpit
  + geschützt
  + bequemes Sitzen

  – kleinere Achterkabine

---

5. Stabilität und Hydrodynamik

Ein neues Schiff muss am besten alle positiven Eigenschaften besitzen, soll schnell, gemütlich und seetüchtig sein. Der Markt bietet eine Vielzahl von verschiedenen Schiffstypen, doch nicht jeder findet sein Traumschiff. Die Entscheidung »welcher Schiffstyp« fällt oft sehr schwer, und auch die Konstrukteure von Yachten sind sich über das »ideale« Fahrtenschiff nicht einig. Präferieren die einen eher stäbige Langkieler, plädieren die anderen für hydrodynamisch effektive Schiffe. Eine kleine Hilfestellung in der Entscheidung für ein spezielles Konzept sind die Punkte Stabilität und Hydrodynamik im Vergleich zwischen Lang- und Kurzkielern. Daraus lassen sich dann leicht alle Stufungen dazwischen erklären.

Form- und Gewichtsstabilität
Will man einen Vergleich zwischen einem Langkieler und Kurzkieler in Bezug auf die Stabilität des Schiffes vornehmen, so muss zunächst einmal erklärt werden, wie die Stabilität von Schiffen überhaupt funktioniert. Interessant für die Stabilität ist in jedem Fall nicht nur die aufrechte Schwimmlage, sondern auch die Krängung bis zu einem bestimmten Winkel. Im aufrechten wie im gekrängten Zustand verfügt das Schiff über einen Drehpunkt des Unterwasserschiffs. An dieser Stelle kann man sich das Schiff »aufgehängt« vorstellen. Wesentlichster Faktor für die Lage dieses Drehpunktes ist die Form der Wasserlinie. Liegt ein Schiff aufrecht im Wasser, liegen Drehpunkt, Auftriebsschwerpunkt und Gewichtsschwerpunkt eines Schiffes direkt übereinander.

Wird das Schiff nun gekrängt, ändert sich als Erstes die Form der Wasserlinie und damit die Lage des Drehpunktes. In gleichem Maße verschiebt sich auch die Lage des Auftriebsschwerpunktes, in dem man sich alle Kräfte, die das Schiff über Wasser halten, vereinigt vorstellen kann. Die Gewichtskraft wirkt im Gewichtsschwerpunkt senkrecht nach unten, die Auftriebskraft im Auftriebsschwerpunkt senkrecht nach oben. Zwischen diesen beiden Kräften liegt ein Hebelarm, der versucht, das Schiff wieder aufzurichten.

Die Lage des Drehpunktes wird beeinflusst durch die Form der Wasserlinie: Je breiter das Schiff in der Wasserlinie ist, desto weiter kann auch der Auftriebsschwerpunkt nach Lee wandern und umso höher ist das aufrichtende Moment, das mit dem krängenden Moment aus dem Segeldruck im Gleichgewicht steht. Die Stabilität nimmt über die Form zu.

Bei einem in der Wasserlinie schmaleren Schiff müssen also bei den gleichen Bedingungen weniger Segel gefahren werden, da das aufrichtende Moment wesentlich kleiner ist. Nimmt der Druck im Rigg weiter zu, erreicht der Kurzkieler seinen maximalen Hebelarm und damit sein maximales aufrichtendes Moment bei zirka 65 Grad, aufgrund seines höheren Gewichtes der Langkieler erst bei ungefähr 80 Grad. Bei 120 bis 130 Grad ist dann beim Kurzkieler kein aufrichtendes Moment mehr vorhanden, der Langkieler

Stabilität und Hydrodynamik

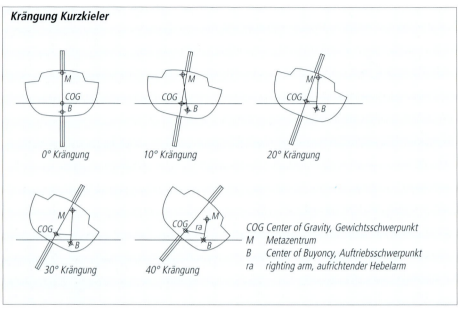

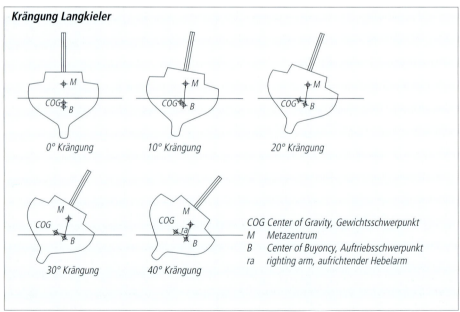

Form- und Gewichtsstabilität

Linke Seite: Das Metazentrum (M), der Gewichtsschwerpunkt (COG) und der Auftriebsschwerpunkt (B) sind die entscheidenden Punkte für die Stabilität eines Schiffes. Das Metazentrum ist der Drehpunkt des Schiffes bezogen auf die jeweilige Wasserlinie. Jeder Krängungswinkel verändert die Wasserlinie, also wandert sowohl der Auftriebsschwerpunkt, als auch das Metazentrum. Der Gewichtsschwerpunkt ist ziemlich ortsfest im Schiff, wenn sich die Zuladung nicht verschiebt. Bei Krängung bildet sich zwischen den Punkten schließlich ein aufrichtender Hebelarm (ra). Ungekrängt ist der Hebel null, bei zunehmender Krängung nimmt auch er langsam zu, beim Kurzkieler mehr als beim Langkieler. Die Rückstellkräfte des Kurzkielers sind danach größer.
Zeichnung: Peter Gottwald Yachtdesign

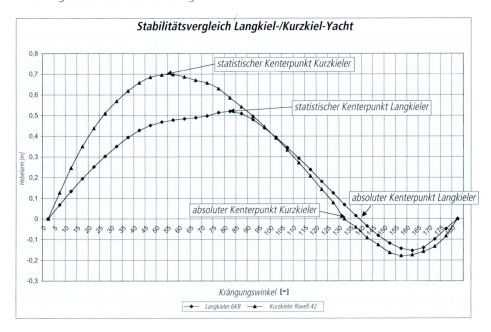

Wie groß die Stabilitätsunterschiede zwischen Lang- und Kurzkielern sind, zeigen die Stabilitätskurven. Der statische Kenterpunkt ist die Krängung mit dem maximalen Hebelarm; eine konstante Kraft (z. B. Winddruck im Segel) kann bis hierhin auf das Schiff wirken, ohne dass es kentert. Wird diese konstante Kraft erhöht, kentert das Schiff. Erst wenn der aufrichtende Hebelarm gleich null ist, spricht man vom absoluten Kenterpunkt. Bis zu dieser Krängung kann ein Schiff dynamisch (z.B. durch eine Böe oder Welle) gekrängt werden. Wird dieser Krängungswinkel überschritten, kentert das Schiff durch. Der Kurzkieler hat demnach also eine größere Stabilität, doch der Langkieler verträgt eine größere, konstante Krängung. Ob und wie lange das Schiff im durchgekenterten Zustand verharren wird, bestimmt dagegen die Größe der negativen Hebelarme.
Zeichnung: Peter Gottwald Yachtdesign

Stabilität und Hydrodynamik

kentert theoretisch erst bei gut 140 Grad Krängung.
Ein positives Vorurteil, Langkieler seien die stabileren Schiffe, trifft daher nur bis zu einer bestimmten Krängung zu. Wer meint, dass er sich trotzdem auf dem Langkieler sicherer fühlt, der hat, subjektiv gesehen, sogar Recht. Die Schiffsbewegungen bei kleinen Abständen zwischen Drehpunkt und Gewichtsschwerpunkt sind eindeutig magenfreundlicher als die Schiffsbewegungen bei großen Abständen. Auch Magenfreundlichkeit kann ein Sicherheitsaspekt sein.

Hydrodynamik
Noch gravierender wird der Unterschied zwischen verschiedenen Rumpfformen, wenn man die Unterwasserschiffe unter streng hydrodynamischen Gesichtspunkten betrachtet. Die Geschwindigkeitspotenziale zwischen Lang- und Kurzkiel sind sicherlich sehr unterschiedlich. Eine »moderne« jollenartige Rumpfform hat ein erheblich höheres Potenzial und kann durchaus die so genannte Rumpfgeschwindigkeit überschreiten. Diese Fähigkeit besitzt der Langkieler nicht, er bleibt in seinem eigenen Wellensystem gefangen. Aus diesem Grund wurden früher Langkieler mit weiten Überhängen konzipiert, um die Wasserlinie bei Krängung zu verlängern und damit das schiffseigene Wellensystem positiv zu beeinflussen: je länger das Wellensystem, desto größer dessen Geschwindigkeit und auch die des darin segelnden Schiffes – Länge läuft. Die langen Überhänge waren aus Gewichtsgründen notwendig, denn hätte man das ganze Schiff auf diese Länge gebracht, wäre es viel zu schwer geworden.
Moderne Kurzkieler mit relativ breitem Heck und kurzen Überhängen sind dagegen so konzipiert, dass sie möglichst aufrecht gesegelt werden müssen. Durch die relativ höhere Anfangsstabilität ist dies auch zu erreichen.

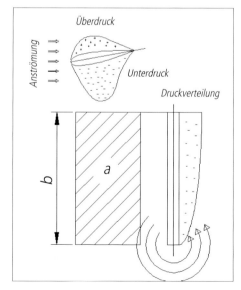

Der so genannte Querkraftbeiwert eines Kiels oder Ruders, der hydrodynamisch die Abdrift verringert, wird über die Länge (Tiefe) und die Fläche der Tragfläche bestimmt. Danach produziert der gemäßigte Kurzkiel nicht einmal 50% der Kräfte, die ein Kurzkiel am Wind produzieren kann. Konsequenz: Das Schiff mit dem Kurzkiel wird deutlich höher am Wind und auch schneller segeln.
Zeichnung: Peter Gottwald Yachtdesign

Hydrodynamik

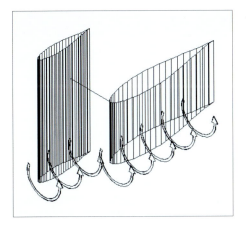

An der Kielunterkante versucht das Wasser aus dem Bereich des höheren Drucks in den Bereich des niedrigen Drucks zu strömen. Hieraus entwickelt sich ein Wirbel. Dieser Wirbel wirkt sich negativ auf den Bereich des Unterdrucks aus. Die Auswirkungen sind bei einem kurzen Kiel überproportional stärker als bei einem tief gehenden Kiel.
Zeichnung: Peter Gottwald Yachtdesign

Stellt man die Frage nach Bequemlichkeit an Bord, so dürfte hier ein entscheidender Vorteil des relativ aufrechten Segelns liegen.
Gesegelt wird über, aber auch unter Wasser. Die Meinung, die Fläche unter Wasser würde die Drift vermindern, ist längst überholt. Vielmehr sind die Verhältnisse an einem Unterwasserschiff eher dieselben wie in den Segeln. Ein Segelschiff bewegt sich niemals nur in Schiffslängsrichtung nach vorne, sondern immer mit einer gewissen Drift, also schräg zur Mittschiffslinie. Wie hoch diese Drift ist, liegt an der Formgebung des Unterwasserschiffs. Wird ein Profil schräg angeströmt, bildet sich um dieses Profil eine Wirbelströmung. Analog zum Segel oder zu einer Flugzeug-Tragfläche bildet sich eine Über- und eine Unterdruckseite. Es resultiert eine Querkraft, deren Größe wie beim Segel von der Anströmgeschwindigkeit, der Form der Fläche, der Größe der Fläche und auch von dessen Profil abhängt.
Der Unterschied zwischen einem Langkieler und einem Kurzkieler besteht grundsätzlich in der Anzahl der Tragflächen unter Wasser. Der Kurzkieler besitzt drei: den Rumpf, das Ruder und den Kiel, wogegen der Langkieler nur eine Tragfläche besitzt: den Rumpf. Kiel und Rumpf zu unterscheiden, ist bei langen Kielen fast unmöglich, da sie nahtlos ineinander übergehen. Das Ruder ist auch nur als Flap (Klappe) zu betrachten, aber nicht als eigenständige Tragfläche.
Gerade hier liegt der Grund, warum in früheren Jahren oft Kurzkieler hoffnungslos luvgierig waren und ihren schlechten Ruf bekamen. Viele Konstrukteure sind von den Erkenntnissen Herreshoffs ausgegangen, der Anfang dieses Jahrhunderts Konstruktionskriterien aus Untersuchungen an Langkielern abgeleitet hat. Leider wurden diese Kriterien oft missverstanden und auf Kurzkieler angewendet. Im Kern ging man davon aus, dass eine große Fläche die Abdrift nach Lee verhindert; positiver Auftrieb durch profilierte Kiele war ein Fremdwort.
Der Langkieler mit einer einzigen Tragfläche ist, da sie kein konstantes Profil aufweist, nicht berechenbar. Ein Kurzkieler besteht dagegen aus zumindest zwei berechenbaren Tragflächen, dem Ruder und dem Kiel, der Rumpf bleibt wie bei den Langkielern nicht

Stabilität und Hydrodynamik

Bessere Strömungsverhältnisse bei geringem Tiefgang erwartet Etap von zwei kurzen statt eines langen Kiels. Foto: Reissig

Unter Wasser gilt für Langkieler: Große Flächen driften langsamer. Foto: Reissig

berechenbar. Dadurch gelten althergebrachte Begriffe wie Lateralschwerpunkt an einem Kurzkieler als überholt und werden durch die Hydrodynamik ersetzt. Die Konstruktion muss also unter ganz anderen Gesichtspunkten erfolgen. Obwohl es unter den Konstrukteuren sicherlich über die Gewichtung verschiedener Konstruktionskriterien Meinungsverschiedenheiten gibt, können doch Forderungen nach einem möglichst effektiven Ruder und Kiel von allen bestätigt werden.

Was bedeutet nun effektiv? Betrachtet man eine Tragfläche, so ergeben sich verschiedene Anhaltspunkte, wie eine Tragfläche möglichst viel Querkraft erzeugen kann. Neben der Profilauswahl ist die Form einer Tragfläche wesentlich. Je länger gestreckt eine Tragfläche ist, desto wirksamer ist sie. Für eine Yacht bedeutet dies, je tiefer der Kiel, desto besser.

Hydrodynamik

Ein Ruder mit Skeg ist zwar stabil, hydrodynamisch aber nicht sehr wirksam. Foto: Reissig

Der Grund dafür ist, dass am Ende einer Tragfläche ein Druckaustausch zwischen Überdruck- und Unterdruckseite des Profils entsteht. Dieser Druckaustausch ist natürlich schädlich, da sowohl der Unterdruck, als auch der Überdruck abgebaut werden. Am anderen Ende der Tragfläche ist der Rumpf, der die Strömung am Kielprofil erheblich negativ verändert. Hat ein Kurzkieler wenig Tiefgang, so wirken sich diese beiden Störungen extrem auf die Tragfläche aus, somit kann kaum Querkraft erzeugt werden, ein Amwind-Segeln ist damit nahezu unmöglich.

Die Tragfläche in Schiffslängsrichtung wie bei einem gemäßigten Langkieler zu verlängern ist daher keine Lösung im hydrodynamischen Sinne. Die Wasserteilchen haben bei dem Entlangströmen an einem Profil eine gewisse Energiereserve. Mit dieser Energie müssen die Wasserteilchen durch das aufgebaute Druckfeld gelangen und dabei in verschiedenen Strömungsverhältnissen Reibungskräfte überwinden. Je länger der Weg um das Profil ist, desto größer wird die Gefahr, dass die Wasserteilchen ihre Energie verlieren. In diesem Fall spricht man von Ablösung. Eine Verminderung der Abdrift ist hier hydrodynamisch nicht möglich, sondern nur nach den Konstruktionsmerkmalen eines Langkielers: Eine große Fläche driftet langsamer.

Für die Ruderanlage ist neben den Tragflächeneigenschaften wichtig, dass die Strömung nicht durch Vorbauten wie durch einen Skeg behindert wird. Dieser Skeg, sowohl beim Halbschweberuder, als auch bei dem oben und unten gelagerten Ruder mit Skeg, erhöht zwar die Stabilität der Ruderanlage durch ein weiteres Lager unter Wasser, bewirkt aber keine Verbesserung der Strömung, sondern stört erheblich.

Ein Skeg führt immer zu einem Spalt auf der Saugseite des Profils, daher zu einem ungewollten Druckausgleich und zu erheblichen Verwirbelungen der Strömung. Ungefähr 45 Prozent der möglichen Querkräfte gehen so gegenüber dem Vollschweberuder verloren. Bemerkenswert ist, dass das Halbschweberuder sogar noch wesentlich schlechter dasteht, als das Ruder mit durchgehendem Skeg. Es verliert noch erheblich mehr, da neben der Unterkante der Tragfläche beim Ruderlegen eine weitere Kante unter dem unteren Ruderlager für Druckausgleich und Verwirbelung zusätzlich zu dem Spalt durch den Skeg sorgt. Wenn man also ein effektives Ruder haben will, so gibt es keine Alternative zum Vollschweberuder.

Sind nun die Tragflächen eines Kurzkielers tatsächlich optimal gestaltet, so können sich diese Kurzkieler genauso kursstabil wie der Langkieler verhalten. Die Schwierigkeiten, das Unterwasserschiff eines Kurzkielers optimal zu gestalten, sind nicht so groß, wie es auf den ersten Blick scheint. An der Fachhochschule Kiel, Fachbereich Schiffbau, werden seit Jahren Tankversuche mit Kurzkielyachten, speziell mit der Fragestellung der Luv- und Leegierigkeitseigenschaften, gefahren. Aus den vorliegenden Untersuchungsergebnissen lassen sich ohne weiteres Schlussfolgerungen zur Konzeption eines Kurzkielers ziehen. Verschiedene Konstruktionen haben bewiesen, dass Kurzkieler in Bezug auf Luv- und Leegierigkeit dem Langkieler in nichts nachstehen müssen.

Dass trotz des größeren Wissens heute immer noch extrem luvgierige Kurzkieler auf den Markt kommen, scheint eher ein Marketingproblem zu sein. Wenn ein erfolgreiches Regattaschiff, vom Rigg etwas abgespeckt, den Tiefgang marktgerecht verringert, als Tourenyacht mit höherem Gesamtgewicht angeboten wird, darf nicht verwundern, dass das so veränderte Schiff nicht mehr ausgewogen segelt.

STABILITÄT UND HYDRODYNAMIK

Langkieler
 + geringe Rückstellkräfte
 + gutmütigeres Seeverhalten
 + theoretisch späterer Kenterpunkt
 + breiter Grenzbereich
 + ruhigeres Ankerliegen

 − schnelleres Krängen
 − weniger Segel tragbar
 − geringere Geschwindigkeit
 − kein Gleiten möglich
 − großer Kreuzwinkel
 − Unterwasserschiff hydrodynamisch unwirksam
 − mehr Abdrift
 − schwer

Kurzkieler
 + hohes Geschwindigkeitspotenzial
 + Gleiten möglich
 + geringer Kreuzwinkel
 + geringere Krängung
 + Kiel und Ruder hydrodynamisch wirksam
 + wenig Abdrift
 + mehr Segel tragbar
 + leicht

 − hohe Rückstellkräfte
 − ruppigeres Seeverhalten
 − schmaler Grenzbereich
 − theoretisch früherer Kenterpunkt
 − unruhigeres Ankerliegen

6. Seeverhalten

Bei aller Euphorie für hohe Geschwindigkeiten ist interessant, welche Argumente der modernen Konstruktion auch wirklich für ein Fahrtenschiff taugen und welche nicht. Nur weil ein WOR 60 bei seiner spektakulären Regatta um die Welt aufgrund seines breiten Hecks und flachen Rumpfes fast permanent gleitet, muss das nicht auch für eine Bénéteau, Jeanneau oder Bavaria gut sein.

Eine Yacht muss ein Allrounder sein. Je nach Wetterlage muss das Schiff genauso gut kreuzen, wie vor dem Wind fahren, oder unproblematisch auf schnellen, spitzen Amwindkursen segeln. Es soll gute Leichtwindeigenschaften haben und sich auch bei schwerem Wetter von einer kleinen Crew sicher bedienen lassen. Jede zu extreme Rumpfform wird eines dieser Bedürfnisse unweigerlich torpedieren und auf der anderen Seite das Schiff auf einem bestimmten Gang oder für bestimmte Bedürfnisse prädestinieren. Die Auswirkungen zeigen sich erst auf See. Für die Erkenntnis, dass die Konstruktion nicht den eigenen Bedürfnissen entspricht, ist es dann zu spät.

Der entscheidende Punkt dafür sind die Form des Rumpfes, also die Spantform, und das Gewicht des Schiffes. Das heißt: Wie ist die Fläche beschaffen, die das Schiff dem Wasser entgegensetzt und wie viel Gewicht muss bewegt werden?

Spantformen

Wie im vorigen Kapitel beschrieben, müssen flache Rümpfe vor allem aufrecht gesegelt werden. Durch ihre Spantform krängen sie am Anfang sehr wenig und setzen den Winddruck schneller in Geschwindigkeit um. Der folgende Grenzbereich ist jedoch wesentlich schmaler, als bei einer gemäßigteren Spantform. Je breiter und flacher das Schiff in Höhe der Wasserlinie wird, desto größer wird bei zunehmender Lage der Abstand von der Bordwand zu Ruder und Kiel. Krängt das Schiff stark, tauchen sie in ihrem oberen Bereich aus dem Wasser aus und werden zum Teil unwirksam. Große Krängung bedeutet bei flachen Rümpfen schon 20 Grad, nur wenn sie aufrecht gesegelt werden, ist die Geschwindigkeit wirklich optimal. Ab ungefähr 15 Grad Neigung werden sowohl die Verwirbelungen unterhalb der Wasserlinie als auch der durch die Lage verschlissene Segeldruck sehr groß, sodass ein aufrecht segelndes Schiff vermutlich schneller ist.

Im Gegensatz zu einem schmaleren Rumpf muss daher punktgenauer gerefft werden, da durch die hohe Belastung an der Unterdruckseite des Ruderblattes ein starkes Vakuum entsteht, an der entlang von oben Luft angesaugt wird, bis die Strömung auf der gesamten Fläche wie bei einem Flugzeugflügel abreißt. Das Schiff läuft aus dem Ruder, und die

Seeverhalten

Gerade bei größerer Lage zeigen sich breite Hecks häufig von ihrer schlechten Seite, schmale reduzieren dagegen den Platz unter Deck. Fotos: Reissig/Kirie

Yacht schießt schließlich in die Sonne. Je breiter das Heck, desto stärker wird dieser Effekt unterstützt. Bei modernen Fahrtenschiffen sind breite Hecks trotzdem erwünscht. Entweder sind sie von erfolgreichen Regattayachten entlehnt, auf jeden Fall schaffen sie jedoch im Achterschiff einen für die jeweilige Schiffsgröße überproportional großen Lebensraum sowie ein sehr großes Cockpit. Verschieben lässt sich dieser Bereich durch die Wahl eines schmaleren Hecks.

Das rundere Unterwasserschiff eines gemäßigten Kurzkielers ist gerade in diesem Grenzbereich wesentlich gutmütiger. Konstrukteure sprechen bei dieser runden Spantform gern von einer Sackform, die sich bis in die Bordwände hinaufzieht. Ziel dieses runden Spants ist eine gleichmäßige Rumpfform auch bei einem gekrängten Schiff. Dadurch nimmt die Lage vor allem am Anfang stärker zu als bei einem flachen Rumpf, bis es sich schließlich bei ebenfalls größerer Lage stabilisiert. Ist der Reffpunkt erreicht oder überschritten, wird die Lage noch einmal zunehmen, das Schiff wird langsamer, aber nicht so schnell unbeherrschbar.

Im Gegensatz zu einem flachen Rumpf ist ein tiefer eintauchender, runder Spant zumeist kursstabiler, vor allem wenn das Ruder relativ weit achtern montiert ist. Das Ruder kann ruhig einmal sich selbst überlassen werden, um auch ohne Selbststeueranlage kurz die Genua nachzutrimmen. Leiden tut darunter jedoch im gleichen Maße die Beweglichkeit des Schiffes: Der Wendekreis wird größer, Manöver dauern länger.

Das Seeverhalten dieser Rümpfe ist ausgesprochen gutmütig, das Einsetzen in die Welle sehr weich und das Schiff hat einen breiteren Grenzbereich. Da die Rümpfe sehr tief gehen, sind auch Kiel und Ruder erst weit unterhalb der Wasserlinie montiert, ein Ausheben des Ruders kann auch bei großer Lage nicht stattfinden.

Je mehr Rumpf und Kiel ineinander übergehen, desto mehr nähert sich die Yacht einem klassischen Langkieler mit dessen Seeverhalten an. Rumpf- und Kielform werden beim Aufkreuzen selten Kreuzwinkel unter 100 Grad ermöglichen, während flache Rümpfe mit hydrodynamisch effektiven Unterwasserschiffen Winkel zwischen 80 und 90 Grad erreichen können. Ein gemäßigter Rundspanter liegt realistisch bei gut 90 Grad, auch er wird gern voll gefahren, Höhe kneifen liegt ihm nicht.

Viel trägt zu entspanntem Segeln der so genannte Vorfuß bei, also der Rumpfbereich zwischen Steven und Kielvorderkante. Hier entscheidet sich, wie hart oder weich das Eintauchen in die Welle sein wird. Bei jollenmäßig flachen Rümpfen nimmt der Auftrieb des Vorschiffs rapide zu und lässt das Schiff bei Welle oder Gewichtszunahme nur langsam tief eintauchen. Die Stampfbewegungen nehmen ab und der Speed nimmt zu. Umgekehrt nehmen aber die Beschleunigungen des Schiffes um die Längsachse ebenfalls zu, da das Abstoppen in der Welle nun sehr viel schneller vonstatten geht. Die Bewegungen des Schiffes werden schnell und abgehackt, der Rumpf schlägt flach auf die Wellen. Je schlanker der Vorfuß wird, desto langsamer nimmt der Auftrieb beim Eintauchen zu, die Bewegungen werden weicher; das Schiff stampft mehr.

Welchen Vorfuß ein Fahrtenschiff haben soll, richtet sich nach dem Revier und den zu erwartenden Wellen. Für Mittelmeer oder Atlantik mit zwar hohen, aber langen Wellen, kann ein rundes U durchaus ausreichen. Bei kurzen steilen Seen wie auf der Ostsee wird ein tiefes V allzu hartes Einsetzen besser verhindern.

35

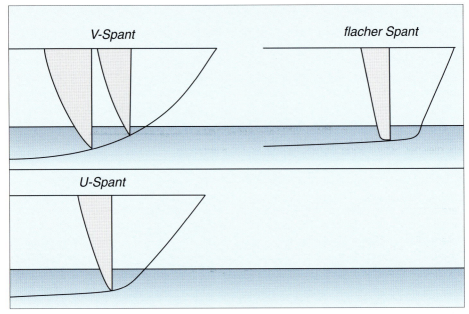

Ein Vergleich der Vorfüße zeigt ihr unterschiedliches Verhalten im Seegang. Der V-Spant hat den geringsten Auftrieb, lässt also den Bug am weichsten eintauchen. Der flache Spant liefert den meisten Auftrieb, Geschwindigkeit und Beschleunigungen an Deck werden größer. Dazwischen der U-Spant.
Zeichnung: Peter Gottwald Yachtdesign

Letztlich muss man sich für einen bestimmten Charakter entscheiden. Hat die Geschwindigkeit oberste Priorität, so sind wahrscheinlich ein Langkieler oder ein gemäßigter Kurzkieler nicht die erste Wahl. Die Bewegungen in der See sind weicher und länger, das Reisen entspannter. Wen jedoch langsames Reisen nervös macht, der ist mit einem flachen Rumpf und gutem Weg nach Luv besser bedient, ungeachtet der Ermüdung von Crew und Material durch das harte Einsetzen in die See.

7. Tiefgang und Verdrängung

Bei gleicher Schiffslänge unterscheiden sich die Verdrängungen verschiedener Yachten teilweise erheblich, und nicht immer ist sofort ersichtlich, woran das liegt. Rumpf, Kiel und Verdrängung eines Schiffes sind jedoch immer direkt voneinander abhängig. Genauer gesagt, die Rumpfform, die Kiellänge und der Ballast. So muss ein schmaleres Schiff mehr wiegen, um das fehlende aufrichtende Moment auszugleichen, das ein breiteres Schiff durch seinen größeren Hebelarm mitbringt (vergleiche auch Stabilität und Hydrodynamik). Das ist aber noch nicht alles.

Vergleicht man einmal die Gewichte von Yachten innerhalb einer bestimmten Größenklasse, so stellt man immense Unterschiede fest. In dem Bereich von rund elf Metern wiegt eine Dufour 36 zum Beispiel 5,9 Tonnen, eine Najad 361 bringt es dagegen auf stolze acht Tonnen. Eine Hallberg Rassy 36 wiegt 7,5 und eine Jeanneau Sun Odyssey 37 nur 6,1 Tonnen. Argumentiert wird häufig mit höherer Bauqualität und unterschiedlichen Grundlagen bei der Berechnung des Gewichtes: Die eine Werft rechnet das Frischwasser schon dazu, die andere wirbt deutlich mit Leergewicht.

Einmal abgesehen davon, dass diese Gewichte sich beim Nachwiegen häufig als stark geschönt herausstellen, liegt der Grund beim Gewichtsunterschied ganz woanders: im Kielgewicht.

Kiellänge
Zieht man einmal das Kielgewicht, also den Ballast, vom Gesamtgewicht der Yacht ab, herrscht plötzlich wieder nahezu Eintracht. Die Rümpfe unserer Beispielwerften wiegen alle nur gut vier Tonnen, die Hallberg Rassy mit angegebenen 4,1 Tonnen am wenigsten, die Najad 361 mit 4,8 Tonnen am meisten. Die Kielgewichte variieren dagegen stärker. Während das der Dufour 36 nur mit 1,6 Tonnen angegeben wird, hängt unter der Hallberg Rassy mit 3,4 Tonnen fast doppelt so viel Ballast. Die Ballastanteile in Prozent gelten bei Diskussionen unter Seglern immer noch als Maßstab für gute und schlechte Schiffe, demnach wäre die Schwedin mit 45 Prozent deutlich »besser« als die Dufour mit nur 28 Prozent.

Wirklich vergleichen lassen sich die Ballastanteile jedoch nur, wenn die Rümpfe die gleiche Philosophie verfolgten, beide flach im Unterwasserschiff wären oder beide einen tiefen U-Spant hätten (siehe auch Stabilität und Hydrodynamik). Denn von der Spantform des Schiffes ist der Kiel in seiner Länge und seinem Gewicht unmittelbar abhängig. Einfach ausgedrückt: Je tiefer der Rumpf, desto schwerer der Kiel, oder umgekehrt: Ein flacher Rumpf braucht nur einen leichteren Kiel, da der Hebel, an dem das Gewicht wirkt, länger ist. Nehmen wir uns das Beispiel der Najad 361 und der Hallberg Rassy 36 nochmals

Tiefgang und Verdrängung

Mit 3,4 Tonnen Kielgewicht hat eine Hallberg-Rassy 36 gewaltige 45 Prozent Ballastanteil. Foto: Hallberg-Rassy Varvs AB

en détail vor. Die Najad wiegt 8 Tonnen, die Rassy nur 7,5. Abzüglich Kielgewicht bleibt der Rassy ein Rumpf von 4,1 und der Najad einer von 4,8 Tonnen, trotzdem hat sie aber mit 3,2 Tonnen 200 Kilogramm weniger Kielgewicht. Bei einigermaßen vergleichbaren Rümpfen kann das eigentlich nicht sein, daher muss die Najad 1,83 Meter tief gehen, während die Rassy mit 1,70 Meter auskommt. Die Najad »bezahlt« also den schweren Rumpf mit einem tieferen Kiel.

In der Theorie geht es wieder um Dreh- und Schwerpunkte. Jedes Schiff hat einen Drehpunkt, um den es sich bei Lage bewegt. Verfügt das Schiff über einen sehr flachen Spant, liegt der Drehpunkt sehr viel weiter oben als bei einem Schiff mit einem tiefen Spant. Gehen beide Schiffe jetzt gleich tief, ist der Hebel des Kielgewichtes bei dem flachen Schiff um einiges länger, das Kielgewicht kann entsprechend geringer ausfallen. Natürlich gilt das nur bei Krängung. Doch je länger der Hebel ist, desto eher wird das Kielgewicht wirksam und die Lage reduziert. Eine höhere Geschwindigkeit mit einem leichteren Schiff ist die Folge.

Anders wäre es, wenn der Tiefgang keine Rolle spielen würde. Dann würde einfach immer ein Kiel in der optimalen Länge gewählt, der Ballast müsste nicht so hoch ausfallen – nur die Tiefgänge würden weit über die Zwei-Meter-Marke hinausgehen. Daraus resultiert, dass bei zunehmender Schiffsgröße ein Tiefgang im Zwei-Meter-Bereich immer unrealistischer wird, obwohl dieser für das Marketing so wichtig ist. Denn auch der Rumpf wird immer tiefer gehen. Der Kiel muss also zwangsläufig den Tiefgang ausgleichen, indem er in Schiffslängsrichtung zulegt und schwerer wird. Dies erklärt auch, warum in Prospekten für verschiedene Kiellängen verschiedene Schiffsgewichte angegeben werden müssen.

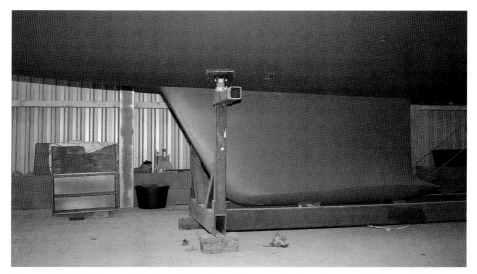

Ein gemäßigter Tiefgang bei einem tiefen Rumpf ist nur mit einem langen Kiel auszugleichen. Foto: Reissig

Der flache Kiel muss immer der schwerere sein, das Gesamtgewicht des Schiffes also zulegen, sonst ist der Unterschied im Hebel nicht auszugleichen.

Verdrängung

Tiefe Rümpfe und flache Kiele machen Schiffe also zwangsläufig schwer. Die Argumentation, dass die Seetüchtigkeit bei schwerem Wetter und ein hohes Schiffsgewicht zusammengehören, ist also nur die halbe Wahrheit. Vielmehr ist das hohe Gewicht nicht zu vermeiden. Schon ohne die auf Fahrtenschiffen schleichende zu hohe Zuladung mit riesigen Wasser- und Dieselvorräten und großen Mengen Ausrüstung kommen schwere Yachten nur noch sehr langsam von der Stelle. Sie können dann zwar die sprichwörtliche »Mütze voll Wind« ab und setzen weich und behäbig in die See ein, wandeln jedoch auch bei einer kräftigen Brise den Segeldruck nicht sofort in Vortrieb, sondern in Krängung um. Große Krängung und Abdrift gehören dabei zwangsläufig zueinander. Je mehr das Schiff krängt, desto weniger wirksam kann der Kiel sein. Zwar bleibt die Tragfläche auch bei Lage wirksam, jedoch kann im Extremfall der obere Teil des Kieles, die Kielwurzel, zeitweise austauchen. Die Strömung bricht an dieser Stelle zusammen, die verbleibende wirksame Fläche wird dementsprechend kleiner. Ist der Kiel von sich aus schon kurz, verstärkt das die Situation noch. Also wird ein flach gehendes Schiff nie den Speed oder die Höhe eines vergleichbaren, tiefer gehenden Schiffes fahren können. Das Schiff muss gegen Krängung und Abdrift aufrechter gesegelt werden, also mit weniger Segeldruck. Trotzdem werden flache Kiele häufig genauso selbstverständlich angeboten wie tiefe, eine Diskussion über ihre augenfälligen Vor- und Nachteile findet meist nicht statt.

Tiefgang und Verdrängung

Ob einem das Verhalten des Schiffes gefällt, lässt sich nur mit einer ausgiebigen Probefahrt klären. Um der Realität nahe zu sein, gehören bei jeder Probefahrt volle Tanks dazu und einige Ausrüstung in die Backskisten, um zu sehen, ob das Schiff auch mit Zuladung annähernd auf der vom Konstrukteur angepeilten Wasserlinie schwimmt. Schon einige Zentimeter zu tief im Wasser können die gesamten Segeleigenschaften kaputtmachen, wenn der »Flachkiel« mit seinen Wundereigenschaften plötzlich 400 Kilogramm mehr wiegt. Das Schiff hat ein Konstruktionsgewicht, für das alles andere berechnet ist. Wird der Kiel schwerer, muss die Zuladung abnehmen, damit die Yacht wieder auf der so genannten Konstruktionswasserlinie (CWL) schwimmt.

Dass das Schiff zu tief liegt, kann jedoch auch schon bei einem Standardschiff mit einem Standardkiel schnell passieren, wenn die Konstruktionswasserlinie für ein Schiff ohne die realistische Zuladung festgelegt wurde. Selbst bei zwei Personen kommt auf einem 35-Fuß-Schiff schnell eine Tonne Ausrüstung zusammen, die das Schiff einige Zentimeter tiefer ins Wasser drückt. Seriöse Konstrukteure berücksichtigen diesen Umstand bereits in der Entwurfsphase, denn Überladung führt neben der Änderung des Segelverhaltens zu steigenden Kräften an Material und Beschlägen, die ja für geringeres Gewicht dimensioniert wurden.

Bei der Zuladung bietet ein tieferer, runder Rumpf in punkto Gewichtsverteilung einige Vorteile gegenüber einem flachen. Viel Ausrüstung oder die Wasser- und Dieseltanks können unter den Bodenbrettern und damit unterhalb der Wasserlinie an einem tiefen Punkt gestaut werden. Ein regattamäßig flacher Rumpf hat an dieser Stelle so gut wie keinen Platz, der Abstand zwischen Bodenbrettern und Rumpf beträgt nur einige Zentimeter. Die Wassertanks, bei einem Regattaschiff naturgemäß leer, wandern aus dem Drehpunkt des Schiffes zum nächst idealen Punkt unter die Salonbänke. Einmal abgesehen von dem jetzt hier für andere Dinge verloren gegangenen Stauraum, liegt der

Tiefe Rümpfe sind wahre Lademeister: Hier passen die kompletten Tanks unter die Bodenbretter.
Foto: Hallberg-Rassy Varvs AB

Schwerpunkt relativ hoch. Beim Leeren erst des einen und dann des anderen Tanks kann die Gewichtsverschiebung im Schiff zudem gut und gerne eine halbe Tonne betragen!

Übrigens werden die Rümpfe immer längstrimmempfindlicher, je schmaler sie in der Wasserlinie sind. Bei drei Seglern im Cockpit kann das Heck dann schon anfangen zu saugen, sind jedoch die 150 Liter Wasser im Tank am Mast, regelt sich dieses Problem eventuell von selbst. Bei schnellen Rümpfen wird oft im Eifer der Konstruktion eventuell die Crew auf der Kante eingeplant, statt gut geschützt im Cockpit. Auch das lässt sich nur mit einer realistischen Zuladung herausfinden. Liegt also bei der Probefahrt keine Kette im Ankerkasten und ist ausgerechnet heute kein Wasserschlauch zu finden, wird die Testfahrt mit der späteren Realität wenig zu tun haben.

Zwar verfügen moderne Yachten über sehr leistungsstarke Motoren, die ein Schiff auch in den meisten Fällen aus den größten Schwierigkeiten herausbringen können, dennoch sollten gute Segeleigenschaften auch im Sinne der Sicherheit niemals unterschätzt werden. Denn läuft der Motor auf einmal nicht mehr, weil eine Plastiktüte den Propeller oder griechischer Diesel die Treibstofffilter blockiert, muss eventuell auch bei Grundseen zwischen den Molenköpfen gekreuzt werden. Ein leichteres Schiff, das schnell anspringt, hat dann klare Vorteile, auch wenn es auf der hohen See eventuell einen raueren Charakter zeigt.

> **SEEVERHALTEN/ TIEFGANG UND VERDRÄNGUNG**
>
> Flacher Rumpf
> + tiefer Kurzkiel
> + geringer Tiefgang
> + leicht
>
> – flache Bilge
> – höherer Schwerpunkt
> – unruhiges Ankerliegen
>
> Runder Rumpf
> + tiefe Bilge
> + mehr Stauraum
> + tiefer Schwerpunkt
> + ruhiges Ankerliegen
>
> – schwer
> – flacher, langer Kiel
> – größerer Tiefgang

8. Kielformen

Der klassische Langkieler ist eigentlich bis auf wenige Ausnahmen aus den Häfen und von den Bootsausstellungen verschwunden. Abgelöst wurde er durch die so genannten Flossenkiele: Unter das Schiff gebolzte und von dem Ruder getrennte Kielflossen. Auch wenn es manchmal so scheint, als wäre diese Kielform eine Erscheinung der Neuzeit, experimentierte doch schon Nathaniel Herreshoff Ende des 19. Jahrhunderts mit kurzen Kielen. Nach ihrem Erfolg in den USA fuhr sogar der deutsche Kaiser 1899 mit einer Rennyacht mit kurzem Kiel zur See. Bis die Kiele jedoch moderne Formen erreichten, ging die Entwicklung erst einmal wieder zurück Richtung Langkiel, bis Ende der vierziger Jahre der Konstrukteur van de Stadt begann, hydrodynamisch günstige Schiffe zu bauen. Er ent-

Reine Langkieler, wie diese thailändische Hans Christian 41, werden fast nicht mehr gebaut.
Foto: Hans Christian Yachts

warf effektiv segelnde Schiffe, die mit profilierten Kielen, tief liegendem Ballast und frei stehenden Rudern eine neue Ära einläuteten. Mit der Einführung der IOR (International Offshore Rules) gab es für den Flossenkiel einen weiteren Schub. In Verbindung mit neuen Materialien wie Epoxid-Harz und Kohlefasern wurden die Schiffe immer flacher und effektiver. Erst die Fastnet-Katastrophe 1979 ließ wieder ernsthaft Zweifel an der Seetüchtigkeit von Flossenkielen und frei stehenden Rudern aufkommen. Aber selbst dieses dramatische Ereignis hat die Entwicklung nicht aufhalten können, und ein Blick in die Prospekte und Ausstellungshallen beweist, dass vor allem die Großserienproduktion von dieser Konstruktion profitiert.

Dem Kiel unter dem Schiff fallen im Wesentlichen drei Aufgaben zu. Je nachdem, ob er lang, tief oder profiliert ist, verleiht er einem Schiff eine größere Kursstabilität, ein größeres aufrichtendes Moment oder einen geringeren Kreuzwinkel.

Als Kielmaterialien stehen sowohl Gusseisen als auch Blei zur Verfügung. Um einen schlanken und trotzdem schweren Kiel zu bauen, muss das spezifische Gewicht des Materials möglichst hoch sein. Daher ist Blei trotz seiner Giftigkeit bei der Verarbeitung also ideal, wenn auch teurer und schwerer zu verarbeiten. Viel günstiger in der Herstellung und in der Handhabung sind Kiele aus Gusseisen, dessen spezifisches Gewicht mit 7,874 g/cm^3 jedoch deutlich unter dem von Blei liegt. Der Kiel wird bei gleichem Gewicht also voluminöser, der Ballast lässt sich nicht so gezielt einsetzen. Blei verfügt hingegen mit stolzen 11,35 g/cm^3 über eine um 31% höhere Dichte, der Kiel kann dementsprechend weniger lang und weniger voluminös ausfallen. Trotzdem arbeitet der Großserienbau fast ausschließlich mit Gusseisen; die Yachten lassen sich damit wesentlich günstiger herstellen.

Im Einkauf kostet der Gusseisenkiel fast die Hälfte von einem Bleikiel: Ein Kilogramm Blei kostet etwa 1,30 €, Gusseisen dagegen nur 0,70 €. Neben dem teureren Grundstoff muss das Blei als Kiel verstärkt werden. Wurde es früher in Barren von innen in die Langkiele eingelegt, so sorgt in einem Bleikiel heute ein zusätzliches Trägergerüst aus Stahl für die nötige Stabilität. Blei ist als Material sehr weich, eine unverstärkte Flosse würde bei einem Aufprall sofort verbiegen. Auch die Kielbolzen benötigen die zusätzliche Verstärkung im Kiel, denn im Gegensatz zum Gusseisen würde sich durch Eingießen in Blei nicht die nötige Stabilität zur Befestigung der Kielflosse erreichen lassen.

Kieltypen

Prinzipiell gilt: Je kürzer der Kiel in seiner Längsrichtung, also längs unter dem Schiff, desto manövrierfähiger wird die Yacht und desto effektiver lässt sich der Ballast unter dem Schiff positionieren. Die ideale Form ist ein schmaler, tiefer Flügel mit einer Ballastbombe an seinem unteren Ende. An einem großen Hebel kann dann verhältnismäßig wenig Ballast gefahren werden. Es lässt sich ein Profil realisieren, das hydrodynamisch wirksam ist. Die strömungsgünstige Kielbombe minimiert den Druckausgleich zwischen der Unter- und Überdruckseite der Flosse.

Eine glatte Oberfläche und saubere Anström- und Abrisskanten halten Widerstände gering und reduzieren bremsende Verwirbelungen am Kielprofil. Je sauberer die Oberfläche gearbeitet ist, desto weniger störende Einflüsse beeinträchtigen die Wirkung des Kiels.

Ein langer Kiel lässt sich nicht profilieren, und

Kielformen

Ideal und vor allem bei Regattaseglern beliebt ist ein glatter, schlanker Kiel mit tiefem Schwerpunkt. Foto: Bénéteau

auch ein gemäßigter Kurzkiel lässt nur die Andeutung eines Profils zu, soll er nicht zu dick werden. Denn dann würde er dem Wasser wieder einen unzumutbar großen Widerstand entgegensetzen. Bei tief gehenden Rümpfen ist ein langer Kiel oder ein gemäßigter Kurzkiel häufig schon bei Schiffen ab zirka 44 Fuß die einzige Möglichkeit, das nötige Kielgewicht unterzubringen, wenn der Tiefgang nicht sehr groß werden soll. Immerhin müssen bei einem Kielgewicht von fünf Tonnen in dieser Klasse entweder gut 0,6 m^3 Stahl oder fast 0,5 m^3 Blei am Schiff untergebracht werden. Zur Verdeutlichung: In Stahl gegossen würde das einen zwei Meter langen, einen Meter hohen und fast 32 Zentimeter dicken Block ergeben.

Um das Gewicht möglichst weit nach unten zu bringen, sind verschiedene Kieltypen möglich. Die einfachste ist ein so genannter Upside-down oder Scheel-Kiel, bei dem die Kielsohle breiter als die Oberkante ist. Hydrodynamisch günstiger ist dagegen eine glatte Bombe an der Kielunterkante. Nahezu ganz aus dem Serienbau verschwunden sind Flügelkiele, die Ende der 1980er-Jahre mit den Schiffen des America's Cup bei den Fahrtenyachten einzogen. Gerade im Seegang bescheinigen Konstrukteure diesen Kielen, deren Flügel bei Krängung gegen die Abdrift

Rumpfbefestigung

Die großen Verwirbelungen um die Flosse mindern die Geschwindigkeit von Flügelkiel-Schiffen. Foto: Reissig

Eine anlaminierte GfK-Kielfortsetzung leitet Kräfte beim Aufprall ideal in den Rumpf ein. Foto: Hallberg-Rassy Varvs AB

wirken sollen und zusätzliches Gewicht an der unteren Kielkante aufnehmen, starke Verwirbelungen entlang der Flügel, die die Geschwindigkeit stark mindern. Daher hat sich der Flügelkiel auch in der Regattaszene nicht durchgesetzt.

Rumpfbefestigung

Bei allen Bemühungen um den idealen Kiel unter dem Rumpf darf auf der anderen Seite die Befestigung unter dem Schiff nicht außer Acht gelassen werden. Je schlanker, tiefer und kürzer ein Kiel ist, desto problematischer wird der Hebel, wenn das Schiff einmal Grundberührung hat. Vor allem bei Rümpfen, die auf aufwändige Verstärkungen an der Vorder- und Hinterkante des Kiels verzichten, ist ein veritabler Schaden bis hin zum Sinken des Schiffes bei einer Unterwasserkollision programmiert.

Durch die immense Masse eines Schiffes

beim Aufprall wirkt die unter den Rumpf gebolzte Kielflosse im achteren Teil wie ein Stanzwerkzeug, das weder auf den Rumpf noch auf die Inneneinrichtung Rücksicht nehmen wird, während im vorderen Teil der Kielbolzen aus dem Rumpf zu reißen droht. Verstärkungen sind hier zwar konstruktiv nicht schwierig, aber sehr teuer.

Die einfachste und günstigste Lösung ist das einfache Anbolzen des Kiels an den Rumpf, der in diesem Bereich in der Herstellung verstärkt wurde. Viele Unfälle mit solchen Schiffen haben jedoch gezeigt, dass selbst kleine Grundberührungen schon überproportional große Schäden nach sich ziehen. Die Yachtversicherungen können ein Lied davon singen, sind sie es doch, die im Zweifel nicht nur den Kiel, sondern auch den Rumpf und die Kombüse gleich mitbezahlen müssen!

Wesentlich besser ist es, die obere Kielform schon in der Rumpfform direkt aufzufangen und flächig in das Schiff einzuleiten. Hallberg Rassy verwendet zum Beispiel bei all seinen Schiffen zwischen 31 und 62 Fuß diese aufwändige, aber sehr sichere Bauweise.

Die österreichischen Schöchl-Yachten oder die dänischen X-Yachts setzen hingegen auf einen geschweißten Stahlrahmen, der die Kräfte auf der Rumpffinnenseite großflächig auffängt (siehe auch Rumpfmaterial und Krafteinleitung).

KIELFORMEN

Flacher, langer Kiel

+ geringerer Tiefgang
+ ungefährlicher bei Kollision

− voluminös
− schlecht zu profilieren
− geringe Wirksamkeit
− hoher Ballastschwerpunkt

Tiefer, kurzer Kiel

+ gut zu profilieren
+ tiefer Ballastschwerpunkt
+ gut wirksam

− großer Tiefgang
− großer Hebel bei Kollision

9. Tiefgangreduzierung

Gentlemen kreuzen nicht, heißt es im Englischen, und wie wenig die Kreuzeigenschaften und tiefe, optimale Kiele auf Langfahrt entscheidend sind, beweisen Befragungen der heutigen Weltumsegler nach ihren Traumschiffen. Schworen die alten Seehelden wie Eric Hiscock zu Zeiten seiner »Wanderer« noch auf Langkiele, wollen Fahrtensegler heute häufig mehr. Burghard Pieske setzt weiterhin auf Fahrtenkatamarane und selbst der eingefleischte Einrumpfsegler Bobby Schenk hat sich einen 47-Fuß-Fahrtenkatamaran für seine jüngste Südseereise zugelegt – ungeachtet der schwierigen Kreuzeigenschaften. Dagegen schwören Klaus Hympendahl und Heide und Erich Wilts auf Integralschwerter. Allen gemein ist die Suche nach geringem Tiefgang für seichte Buchten, die einer Fahrtenyacht von über 40 Fuß mit normalem Kiel verwehrt bleiben.

Um den Tiefgang stetig oder variabel zu reduzieren, haben sich verschiedene Methoden durchgesetzt, die ihre Ursprünge meist in Ländern haben, deren Küsten starken Gezeiten ausgesetzt sind: England, Frankreich und Holland. Neben der Möglichkeit, sich auch in relativ flachen Gewässern noch mit einem Schiff bewegen zu können, ist es hier wichtig, sich bei Ebbe trockenfallen zu lassen, ohne dass das Schiff Schaden nimmt. Vor allem die tidenabhängigen Flüsse und Häfen an der englischen Kanalküste sind da zu nennen, wo die Schiffe auch ohne Aufsicht alle 12 Stunden trockenliegen. Viele Liegeplätze oder Bojen befinden sich nicht in ausreichend tiefen Gewässern, und jede Ebbe lässt die Schiffe aufsitzen.

Mit einer ständig zunehmenden Zahl Schiffen und Häfen an nahezu allen Küsten steigt jedoch auch die Zahl der tidensicheren Liegeplätze. Damit sinkt zu gleichen Teilen das Angebot an Schiffen mit reduziertem Tiefgang, einmal abgesehen von unterschiedlich langen Flossenkielen, die nahezu von jeder Serienwerft angeboten werden.

Doppelkieler

Eines dieser Konzepte sind die Doppelkieler aus England von Westerly und Moody. Obwohl sie häufig als Kimmkieler bezeichnet werden, ist dies eigentlich falsch. Klassische Kimmkieler haben ihre Kiele in Höhe der Wasserlinie, also in der Kimm, eine Anordnung, die es heute nicht mehr gibt. Richtig heißen die Boote Doppelkieler und werden auch in den englischen Prospekten als »Doublekeel« angeboten.

Bei modernen Rumpflinien lässt diese Anordnung zum Beispiel bei einer Moody 38 einen Tiefgang von lediglich 1,19 Meter zu, während die Mittelkielversion mit knapp 1,80 Meter angegeben wird. Diese Konstruktion hat natürlich einen nicht unbeträchtlichen Einfluss auf die Segeleigenschaften. Während Doppelkieler auf raumen und halben Kursen mit beachtlicher Reisegeschwindig-

Tiefgangreduzierung

Doppelkiele ermöglichen auch in flachen Regionen gutes Segeln. Foto: Yachtzentrum Hamburg

keit das halten, was die Rumpflinien versprechen, ist an der Kreuz eine deutliche Abdrift normal. Zunehmenden Wind nehmen Doppelkieler sehr weich auf, krängen ein wenig mehr als vergleichbare Schiffe mit tief gehendem Mittelkiel und brauchen etwas länger, um den Winddruck in Fahrt umzusetzen.

Unschätzbarer Vorteil der Doppelkieler ist die Möglichkeit des Segelns in flachen Nebenfahrwassern, die von Mittelkielern weiträumig umschifft werden. Aber Vorsicht: Wer mit einem Doppelkieler aufläuft, kann ihn nicht mit Krängung wieder flottmachen, dadurch nimmt der Tiefgang weiter zu. Am besten streicht man die Segel und versucht es absolut aufrecht unter Maschine.

Bei gezieltem Trockenfallen muss man sich hingegen nicht sorgen, ein Doppelkieler kommt stets sicher auf seinen beiden lang gestreckten Stahlguss-Kielfinnen zum Stehen und ist so konstruiert, dass er auf unebenem Grund zusätzlich auch auf dem an einem Teilskeg gehaltenen Ruder stehen kann.

Auch die Steuereigenschaften eines Doppelkielers sind gewöhnungsbedürftig. Ohne Führung in der Mittschiffslinie hat man ein wenig das Gefühl, als befände sich das Schiff auf einem Luftpolster. Ruderdruck als Indikator für zu viel Segel ist fast nie zu spüren. Gegenüber Hubkielern und Integralschwertern merkt man im Innenraum des Schiffes von den Kielen überhaupt nichts. Sie werden wie andere Flossenkiele einfach unter den Rumpf gebolzt.

Hubkieler
Gute Segeleigenschaften bei variablem Tiefgang versprechen Hubkieler. Hier wird der gesamte Kiel inklusive seines vollen Ballastes mittels Hydraulik oder Seilzügen in das Schiff hineingefahren. Kiellängen von mehr als 1,50 Meter sind so kein Problem. Das Profil kann

Mit einem Hubkiel lassen sich gewaltige Kiellängen realisieren: Die Rommel 37 R geht maximal 2,85 m tief. Fotos: YEP

hydrodynamisch günstig gewählt werden und ändert sich bei reduziertem Tiefgang nicht. Lediglich der Schwerpunkt des Kiels verschiebt sich innerhalb des Schiffes nach oben.

Auf dem europäischen Markt ist im Bereich bis ungefähr 50 Fuß Länge neben der englischen Firma Parker Yachts die Yacht Entwicklung Potsdam mit ihren Rommel-Yachten übrig geblieben, die dieses einst so Erfolg versprechende Konzept auch weiterhin noch anbieten. Immerhin deckt die knapp 12 Meter lange Rommel 37R mit elektrohydraulischem Liftkiel eine Spanne beim Tiefgang von minimal 1,60 bis maximal 2,85 Meter ab.

Als größter Schwachpunkt hat sich – zumindest bei Parker – der hohe Preis der Schiffe herausgestellt. Für eine Parker 31 mit knapp zehn Meter Länge rechnet der Hersteller mehr als 15 000 € allein für die Hubkielmechanik! Gewaltig, aber eigentlich nicht zu viel verlangt, wenn man bedenkt, dass der Kiel dieses Schiffes mit nahezu zwei Tonnen Eigengewicht beweglich, aber fest gelagert sein muss. Eine aufwändige Hydraulik sorgt dabei für geringe Bedienungskräfte. Diese hohen Zusatzkosten machen das Prinzip bei sehr großen Schiffen interessant, die sonst aufgrund ihres Tiefgangs in keinen kleinen Hafen kämen. Die finnische Baltic Werft reduziert den Tiefgang ihrer 26 Meter langen Baltic 87 damit zum Beispiel von 4,70 auf verträgliche 2,80 Meter.

Die Segeleigenschaften unterscheiden sich kaum von Mittelkielschiffen. Auf Vorwindgängen kann der Kiel zudem aufgeholt werden, was das Schiff kursstabiler und schneller macht. Bei komplett aufgeholtem Kiel kann teilweise auch das Ruder aufgeholt werden, was eine zusätzliche Mechanik erfordert. Unter Deck dominiert der Kielkasten hinter dem Hauptschott, der bis an die Kabinendecke reicht, die Innenausstattung. Er kann durch eine geschickte Einrichtung kaschiert werden, flexible Konzepte lässt er jedoch nicht mehr zu. Problematisch ist jedoch die Einleitung der Kräfte im Fall einer Unterwasserkollision. Der riesige Hebel des Kiels überträgt große Kräfte über den Kielkasten ins Deck, das hier extra verstärkt sein muss.

Integralschwerter

Unter einer klassischen französischen DI-Version, einem »Dérive Intégral«, versteht man einen komplett in den Rumpf integrierten Ballast mit einem darin versenkbaren Schwert. Da der Gewichtsschwerpunkt des Ballastes größer als bei einer Kielversion ist, wird zudem ein größerer Ballastanteil vorgesehen. Traditionelle Erbauer von Integralschwertyachten waren Kelt, Kirie (Feeling), Alubat (Ovni), Gibert Marine (Gib´Sea) und Maracuja.

Als Fortsetzung dieser Tradition bauen noch Kirie, Alubat und Maracuja diese Schiffe, die für extrem flache Gewässer, Tidenreviere und bei Fahrtenseglern für lange Vorwind-Strecken beliebt sind.

Einzig Kirie bietet seine Yachten entweder mit Standard- oder Integralkiel an. Bei dem zunehmenden Kostendruck auf die Hersteller eine mutige Entscheidung, muss doch für die DI-Variante eine eigene Rumpfform laminiert werden, um die große Ballastplatte bündig von unten in den Boden versenken zu können. Die Aluminiumwerften Maracuja und Alubat schweißen den Ballast von oben in die Bilge ein.

Konstruktionsbedingt fällt der Ballastanteil der Schiffe erheblich höher aus als bei Doppel- oder Hubkielern, da die Schwerter selbst keinen oder nur geringen Ballast aufnehmen,

Integralschwerter

Integralschwerter sind vor allem in Tidenrevieren und bei Langfahrtseglern beliebt. Foto: Kirie

der Schwerpunkt also relativ weit oben liegt. Die zu erreichenden Tiefgänge sind beeindruckend: Eine Ovni 455, die aufgrund ihrer Aluminium-Bauweise stolze 12,5 Tonnen auf die Waage bringt, geht mit aufgeholtem Schwert nur knapp einen Meter tief. Ist das 500 Kilogramm schwere Schwert unten, sind es 2,40 Meter. Natürlich muss bei eingefahrenem Schwert auch das Ruder entsprechend kurz ausfallen. Bei der Ovni hilft ein hydraulischer Schwenkmechanismus, der ein komplett unprofiliertes Ruderblatt unter den Rumpf klappt. Kirie schwört stattdessen auf eine Doppelruderanlage mit entsprechend kürzeren Blättern (siehe auch Ruderanlagen). Vor allem auf Passatrouten sind diese Schiffe bei Langfahrtseglern beliebt, lässt sich doch das nicht benutzte Schwert komplett in den Rumpf schwenken. Damit hat das Schiff bei langen achterlichen Seen einen geringeren Hang querzuschlagen und hängt quasi am Ruder. Die Belastungen für das Schiff werden dadurch gesenkt. Stark bestimmt wird aber auch hier die Inneneinrichtung. Zum einen braucht der Innenballast einen großen Teil des Raums in der Bilge, der als Stauraum verloren geht, zum anderen dominiert der Schwertkasten den Salon. Üblicherweise ist darauf ein großer Tisch montiert, die Gestaltung des Salons aber dadurch vorgegeben.

Als Vorreiter und Spezialist der Integralschwerter gilt der französische Konstrukteur Philippe Harlé, der sich viel Gedanken über gut zu segelnde Langstreckenyachten machte. Seiner Theorie nach ist eine Unterwasserkollision bei einem Fahrtenschiff viel wahrscheinlicher, als die Gefahr zu kentern. Denn die potenzielle Kenterung steht aufgrund des geringeren aufrichtenden Momentes natürlich permanent im Raum. Harlé gibt den kritischen Winkel für eine Maracuja 42 mit 135 Grad an, danach hat sie durch den Ballast kein aufrichtendes Moment mehr. Mit 4,20 Meter Breite ist sie aber erst einmal extrem krängungsstabil. Nach Harlés Meinung kann ein Schiff also nur durch eine Welle kentern und dann käme bestimmt auch die nächste und richtet das Schiff wieder auf. Eine Theorie, die konservativeren Konstrukteuren die Haare zu Berge stehen lässt. Die große Verbreitung dieser Schiffe gibt Harlé allerdings scheinbar Recht, und das flache Trockenfallen

Tiefgangreduzierung

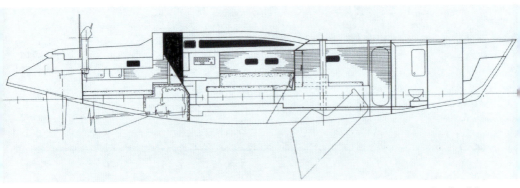

Der Unterschied zwischen eingeklapptem Kiel ist beeindruckend und nicht nur entscheidend für die Segeleigenschaften, sondern auch für die Wahl von Ankerplätzen. Zeichnung: Alubat

auf dem Strand ist mit einem großen Schiff wirklich ein tolles Erlebnis. Die massive Ballastplatte schützt den Rumpf zudem vor großen Steinen.

Schwenkkieler
Eine Möglichkeit der Tiefgangreduzierung vorwiegend für kleinere Schiffe ist der Schwenkkiel. An einem Bolzen im Rumpf gelagert, wird der gesamte Ballastkiel der Länge nach unter oder in einigen Fällen in den Rumpf geschwenkt. Die dabei auftretenden Kräfte sind erheblich, schließlich muss der gesamte Ballast der Yacht um diesen Bolzen gedreht und die Kräfte daran aufgefangen werden. Schon bei einer Bénéteau First 210 sind das bei 1,1 Tonnen Gesamtgewicht 350 Kilogramm. Entsprechend kräftig müssen die Hebesysteme ausfallen.
Schwenkt die Flosse unter den Rumpf, bleibt der Innenraum weitgehend unberührt; der Hebel, mit dem die Flosse auf den Rumpf wirkt, ist aber entsprechend schlecht, Beschädigungen des Rumpfes bei einer Grundberührung sind daher durchaus möglich. Schwenkt die Flosse in den Rumpf, wird die Innenausstattung ähnlich der eines Integralschwerters davon dominiert. Der voluminöse Schwertkasten verschwindet zumeist unter dem Salontisch, dem sich der weitere Ausbau unterordnen muss.
Das größte mit einem Schwenkkiel versehene Schiff war in den letzten Jahren die Nordsee 47 swing, deren Tiefgang bei knapp 15 Meter Länge zwischen 1,10 und drei Meter schwankt. Damit lassen sich auch mit einem großen Schiff Tidenhäfen problemlos anlaufen, Segeln ist mit eingefahrenem Kiel aber nur begrenzt möglich.

Tiefgang und Ruder
Das Ruder ist der letzte Störfaktor bei der Tiefenreduzierung. Denn wird der Kiel kürzer, ist es letztlich das Ruderblatt, das an der tiefsten Stelle sitzt und als Erstes Grundberührung hat. Bei Doppelkielern ist das Problem nicht so stark ausgeprägt, hier steht das Ruder lediglich ungeschützt in der Mittschiffslinie und kann von Treibgut getroffen werden. Schwieriger sind Yachten, die eigentlich auf einen tiefen Kiel ausgelegt waren, aber über einen flachen Kiel im Tiefgang

Tiefgang und Ruder

Mit Schwenkkielern lassen sich auch flache Buchten anlaufen. Foto: Bénéteau

reduziert wurden. Verbleibt dabei das Standardruder im Schiff, haben Kiel und Ruderblatt häufig denselben Tiefgang. Beim Auflaufen wird das zum Problem – schon der geringste Schwell reicht aus, um das Ruderblatt zu beschädigen.

Noch problematischer ist das Auflaufen bei Doppelrudern und einem sehr flachen Kiel. Schiebt das Schiff Lage, ist das leewärtige Ruder der tiefste Punkt unter der Wasserlinie. In flachen Gewässern läuft dann eben dieses Ruder als Erstes und ohne bremsenden Einfluss des Kiels auf. Gerade bei kleinen Yachten, die für flache Gewässer konstruiert wurden, sind die Schäden beträchtlich. Bei variablen Tiefgängen sind daher entweder ebenfalls bewegliche Ruder gefordert, oder die Doppelruderblätter fallen extrem kurz aus.

TIEFGANGREDUZIERUNG

Doppelkiel
+ Segeln in flachen Gewässern möglich
+ ebenes Trockenfallen möglich
+ kein Einfluss auf den Innenraum

– größere Abdrift
– mehr Krängung

Hubkiel
+ gute Segeleigenschaften
+ große Kiellänge möglich

– teuer
– Innenraum stark beeinflusst
– Segeln in flachen Gewässern nicht möglich
– schwierige Krafteinleitung

Integralschwerter
+ ebenes Trockenfallen möglich
+ geschützter Rumpf
+ Schwert vor dem Wind aufholbar

– geringere Höhe am Wind
– keine Bilge
– Einfluss auf den Innenraum
– kein Kreuzen mit aufgeholtem Schwert möglich
– höherer Schwerpunkt

Schwenkkiel
+ wenig Einfluss auf den Innenraum

– schwierige Krafteinleitung
– Segeln bei aufgeholtem Kiel nur begrenzt möglich

10. Rumpfmaterial

Vier Materialien bestimmen heutzutage den Bootsbau, und aus allen kann man mehr oder minder moderne Konstruktionen kaufen, die sich äußerlich sogar häufig recht ähnlich sind. Dabei gilt es aber zwei wesentliche Gruppen zu unterscheiden: den Großserienbau und die Einzelbauten. Für den Großserienbau ist nur Kunststoff geeignet, für Einzelbauten kommt fast ausschließlich Holz, Aluminium oder Stahl zum Tragen. Natürlich lassen sich auch Kleinserien herstellen, und es gibt Werften, die 30, 40 oder 50 Stück pro Jahr bauen, aber das ist alles nicht vergleichbar mit dem glasfaserverstärkten Kunststoff.

Ist die Positivform einmal entstanden und die Negativform, in der später laminiert werden soll, davon abgenommen, lassen sich Schiffe, die sich wie ein Ei dem anderen gleichen, in nahezu unbegrenzten Mengen produzieren. Holz-, Stahl- oder Aluminiumschiffe entstehen jedes Mal neu: Das Material muss neu geschnitten, zusammengefügt und verbunden werden. Die Schiffe in Kleinserien sehen dann vielleicht gleich aus, sie werden es aber niemals sein. Darin liegt der entscheidende Unterschied zwischen den entsprechenden Werften. Eine Kunststoffwerft kann ihre Yachten nur dort herstellen, wo sich ihre Formen von Rumpf, Deck, Innenschale oder WC-Raum befinden. Einzelbauten entstehen jedoch immer dort, wo sie auf Kiel gelegt werden – und sei es unter einer Plane im eigenen Garten.

Von ihren grundsätzlichen Eigenschaften haben die Materialien ebenfalls klar zu unterscheidende und verschiedene Charaktere.

Kunststoff

GfK (glasfaserverstärkter Kunststoff) oder FvK (Faser verstärkter Kunststoff), wie er in der Zeit von Kevlar oder Kohlefaser heißt, ist der jüngste Baustoff von allen. Seit den frühen 60er-Jahren versuchten Bootsbauer, den klassischen Holzbootsbau mit Kunststoff zu verdrängen. Auch waren sie fasziniert von den Möglichkeiten, vor allem jedoch davon, nun jede erdenkliche Form in Kunststoff herzustellen. Fürchterliche Konstruktionen mit kurzen Rümpfen und riesigen umbauten Innenräumen waren die Folge in den 70er-Jahren – alles schien möglich. Bis heute hat sich der Wildwuchs der Formen zum Glück wieder auf ein verträgliches Maß reduziert, geblieben jedoch ist die Möglichkeit, Rümpfe leicht und günstig zu fertigen.

Gleichzeitig ist GfK auch der innovativste Werkstoff, denn nur mittels Kunststoff und Fasern kann der Rumpf entlang der Krafteinleitung gezielt verstärkt werden, das spart Gewicht. Bei Stahl und Aluminium ist die Krafteinleitung vielleicht einfacher, aber sie ist im Material nicht zu beeinflussen: Eine Fläche aus Stahl oder Aluminium kann Kräfte immer in alle Richtungen gleich aufnehmen, ungeachtet ob es gefordert ist oder nicht. Dadurch ist der Rumpf leider häufig überdimen-

Glasfaserverstärkter Kunststoff hat Großserienbauten erst möglich gemacht; die Zusammensetzung des Laminats ist jedoch nicht zu prüfen. Foto: Bavaria Yachtbau

sioniert und zu schwer. Eine Kunststoffschale entsteht mit ihren speziellen vom Konstrukteur vorgesehenen Eigenschaften während des Baus. Er berechnet die Kräfte, die an Püttingen, Winschen, Hebelklemmen oder Kiel voraussichtlich entstehen und verstärkt das Laminat durch besondere Glas-, Kevlar oder Kohlefasergelege mit sehr speziellen Eigenschaften. Der so genannte Gelegeplan wird zusammen mit der Konstruktion der Werft übergeben, die dann die ausführende Kraft ist.

Größter Nachteil der besonderen Eigenschaften des Rumpfmaterials sind eben diese Eigenschaften. Denn ist der Rumpf erst einmal laminiert, kann dessen Zusammensetzung eigentlich niemand mehr kontrollieren. Hat die Werft Matten vergessen oder hinzugefügt, lässt sich das von außen nicht mehr feststellen. Die Eigenschaften, die Stärke von Rumpf und Verbänden muss man als Käufer schlicht glauben. Die Folgen offenbaren sich erst nach einigen Jahren, wenn in hoch belasteten Bereichen das Laminat weich wird, das gesamte Schiff ächzt und stöhnt oder Haarrisse die Schwächen deutlich machen.

Schuld daran ist der Großserienbau, über den sich schon bei kleinen Einsparungen pro Schiff große Mengen Material über das Jahr gesehen sparen lassen: Der Konstrukteur legt den Rumpf und dessen Dimensionierungen fest, plant eine gewisse Sicherheit ein, und den Werften bleibt es überlassen, wie hart sie an der Grenze arbeiten wollen.

Ein neues Schiff wird nur sehr selten die Schwächen im Laminat preisgeben. Ein besserer Maßstab sind dagegen die älteren Schiffe einer Werft. Berichten die Eigner schon von Schwierigkeiten, die sich im Laufe der Zeit einstellten, so sind die Versicherungen des Verkäufers, dass jetzt alles anders ist, zumindest mit Vorsicht zu genießen. Einiges lässt sich jedoch auch schon während der Probefahrt feststellen. Arbeitet das Laminat am Cockpitboden im Bereich der Tischbeine, vibriert die Ankerwinde beim Aufholen der Kette oder gibt das Kajütdach beim Darüberlaufen nach, sind die weichen Stellen in fünf Jahren programmiert.

Um mehr Stabilität bei möglichst wenig Gewicht vor allem in geraden Flächen zu erhalten, werden die Decks größtenteils in Sandwich-Technik gebaut: In der Produktion wird auf der Innenseite des Decks geschlossenporiger Schaum oder Balsaholz aufgeklebt und anschließend überlaminiert. Die größere Materialstärke bewirkt eine sehr viel höhere Festigkeit gegen Biegung, was sonst nur mit großem Materialaufwand und daraus resul-

Rumpfmaterial

tierendem höherem Gewicht zu realisieren wäre. Auch die Rümpfe im Überwasserbereich werden bei einigen Werften so gefertigt, ein wesentlich niedrigeres Gewicht ist die Folge.

Einen besonderen Weg geht die belgische Etap-Werft. Sie baut Rümpfe und Decks all ihrer Schiffe komplett doppelschalig, nach Werftdiktion »Schiff in Schiff«. Der mehrere Zentimeter starke Zwischenraum wird anschließend mit geschlossenporigem Schaum ausgespritzt, was Etap-Yachten selbst nach einer schweren Kollision schwimm- und zumeist auch segelfähig hält. Nachteil dieser einzigartigen Baumethode ist unter Deck die spürbar geringere Schiffsbreite.

Stahl und Aluminium

Ganz anders liegt der Fall bei Stahl und Aluminium. Hier hat die Werft keinen großen Einfluss auf die Güte des Materials, von Preis, Stärke und Legierung einmal abgesehen. Die Platten werden nach Normen gefertigt und direkt aus den Walzwerken geliefert. Den Herstellern bleibt der Zuschnitt und die Verbindung der Einzelteile.

Größtes Problem im Rumpfbau ist dessen dreidimensional verformte Außenhaut. Während ein Kunststoffschiff in seiner Form entsteht und willig jede Krümmung annimmt, sind Aluminium- oder Stahlplatten erst einmal flach, also zweidimensional. Die Werft muss das Schiff vor dem Bau in der Theorie erst einmal »abwickeln«, das heißt die Außenhaut in Streifen zerlegen, die später eine annähernd runde Form ergeben. Gröbste Annäherung sind dabei der Knick- und der Multiknickspanter, bei denen die Platten in der dritten Dimension lediglich in Längsrichtung gebogen werden.

Die »Rundung« des Rumpfes entlang der Spanten erfolgt in den Knicken. Dadurch sind sie bei Selbstbauern äußerst beliebt: Die zugeschnittenen Platten lassen sich ohne große Maschinen oder Werkzeuge biegen und miteinander verschweißen.

Aluminium ist gegen »normale« Korrosion unempfindlich und schützt sich selbst.
Foto: Asante Yachten

Stahl und Aluminium

Stahlyachten sind wegen ihrer Unempfindlichkeit bei Blauwasserseglern sehr beliebt. Foto: Feltz Boote

Rundspanter schließlich machen in der Werft vor dem Schweißen die meiste Arbeit. Jeder Streifen Außenhaut wird von Hand unter einer Presse Zentimeter für Zentimeter dreidimensional gebogen, bis der geschweißte Rumpf eine homogene, runde Form hat. Beliebtes Mittel, die Baugüte zu beweisen, ist dabei eine möglichst geringe Spachtelschicht, um die Außenhaut in eine nahtlose Fläche zu verwandeln. Aluminiumwerften lassen daher gern das Freibord unlackiert in Aluminium natur. Das funktioniert bei Stahl selbstverständlich nicht.

Beim Schweißen und Bearbeiten sind Stahl und Aluminium grundsätzlich verschiedene Charaktere. Das Elektroschweißen ist bei Aluminium eine echte Kunst. Der Grenzbereich zwischen »zu kalt« und »zu heiß« geschweißt ist im Gegensatz zu Stahl extrem schmal. Zu heiß führt zu einem Loch in der Platte; zu kalt bedeutet, dass die Verschmelzung mit der Platte nicht oder nur unzureichend stattgefunden hat und die Schweißnähte daher nicht die notwendige Stabilität bieten, auch wenn sie die Grundbelastung scheinbar unbeeindruckt tragen. Solche mangelhaften Verschweißungen sind leider bei einigen Werften immer noch gang und gäbe, gut zu erkennen an Schweißnähten, die wie faule Regenwürmer in der Ecke liegen statt wie eine Kehle sauber mit den angrenzenden Platten zu verschmelzen. Hier muss beim Kauf ein Experte zu Rate gezogen werden, wenn man sich nicht sicher ist. Denn bei Überbelastung können schlecht geschweißte Nähte schlagartig nachgeben.

Stahl schweißen, so sagt man, kann jeder, der einen Trafo an Bord hat. Das macht Stahl bei Selbstbauern und Langzeitseglern so beliebt. Schon nach einiger Übung lassen sich mit ei-

Rumpfmaterial

nem Elektroschweißgerät einigermaßen saubere Nähte schweißen. Individuellen Umbauten und Reparaturen an der Struktur steht in fernen Häfen nichts mehr entgegen – fehlt ein Holepunkt für den Spinnakerblock, wird er einfach angeschweißt, die Selbststeueranlage versetzt oder ein Bugspriet angesetzt. Und wenn man die Reparaturen auch nicht selbst ausführt – einen Stahlschweißer findet man auf nahezu jeder Insel, während Aluminiumreparaturen recht schwierig und gute Schweißer schwer zu finden sind.

Grundsätzliche Differenz zwischen den beiden Materialien ist aber der gewaltige Gewichtsunterschied. Aluminium ist mit 2,7 g/cm^3 fast dreimal leichter als Stahl mit 7,874 g/cm^3. Das ist auch der Grund, warum Aluminium im modernen Yachtbau derzeit boomt, Stahl jedoch nach Anzahl der gebauten Schiffe schon seit Jahrzehnten stagniert. Das leichte Aluminium lässt vor allem große, moderne Rümpfe mit flachen Unterwasserschiffen in einem konkurrenzfähigen Gewicht und hervorragender Festigkeit zu. Dem Stahl bleibt hingegen eigentlich nur der Langkieler, bei dem Gewicht gebraucht wird. Selbst traditionelle Stahlbauer wie Jongert aus den Niederlanden wenden sich aus diesem Grund vom Stahl ab und dem Leichtmetall zu.

Holz

Mit dem Siegeszug von Kunststoff wurde Holz aus dem Bootsbau nahezu verdrängt. Heute überleben vor allem Werften, die hochglänzende, naturlackierte Einzelbauten anbieten, bei denen das Herz eines jeden

Geplankte Holzyachten werden heute nur noch sehr selten gebaut.
Foto: Mathias Paulsen Bootswerft

Seglers schmilzt. Der klassische Bootsbau mit Kielschwein, Spanten und Planken ist jedoch auch hier von modernem Kunststoff überholt worden. Zu schwer und zu aufwändig waren die geplankten Rümpfe und verfügten zudem über keine sehr hohe Stabilität. Zum Bau eines geplankten Schiffes wird jede Planke mit jedem Spant einzeln verbunden, die Stöße zwischen den Planken bleiben allerdings elastisch und müssen kalfatet oder mit PU-Dichtmasse verschlossen werden, damit das Schiff nicht leckt. Der traditionelle Rumpf besteht also aus einer Unzahl von Nähten zwischen je nach Temperatur und Feuchtigkeit arbeitenden Hölzern. Dadurch gehört Arbeiten in den Verbänden und Wasser machen beinahe traditionell dazu. Allerdings sind das Eigenschaften, die heutzutage nicht mehr erwünscht sind.

Das heutige Holzboot sieht aus wie Holz, riecht auch so, aber verhält sich wie ein mo-

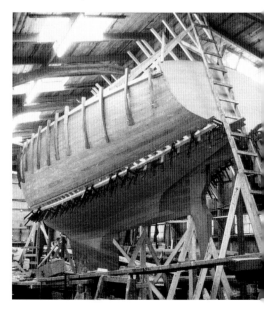

*Mit modernen Harzen ist ein holzverleimter Holzrumpf relativ einfach herzustellen.
Foto: Mathias Paulsen Bootswerft*

derner Kunststoffrumpf. Möglich wird das durch moderne Epoxidharze, mit denen schmale Holzstreifen zu einem formstabilen Rumpf in mehreren Lagen verklebt werden. Damit baut man quasi ein Sperrholzschiff aus vier bis sieben Lagen Holzfurnier, dessen Außenhaut geschliffen und lackiert aussehen kann wie ein traditionelles Holzschiff aus Mahagoni, wenn die letzte Furnierlage in Schifflängsrichtung verklebt wurde.

Erstellt werden die so genannten formverleimten Rümpfe auf Mallen, die die zukünftige Spantform im Ein-Meter-Abstand vorgeben. Das Bauverfahren ist damit prädestiniert für leichte, individuelle Einzelbauten auch bei kleinen Schiffsgrößen, denn der Rumpf lässt sich ohne große Maschinen, wie bei Aluminium oder Stahl, in eine dreidimensional runde Form bringen. Überlaminiert, gespachtelt und lackiert ist die Außenhaut häufig von einem Kunststoffrumpf nicht zu unterscheiden. Auch hier ist eine Serienfertigung im großen Stil undenkbar, da die Arbeitsgänge kaum zu rationalisieren sind.

Ferrozement

Fast ganz aus den Häfen verschwunden sind Ferrozement-Yachten. Ihre große Zeit waren die 1960er und 1970er, als vor allem Langfahrtsegler sich ihre Schiffe selbst schütteten. Die Erstellung lief ab wie bei einer Spannbetonbrücke, die man früher für unzerstörbar hielt: Aus Holz wird eine Schalung gebaut, Stahlarmierung für die Festigkeit eingelegt und mit Beton vergossen. Der Clou waren die schier unglaublichen Fertigungszeiten: In 24 Stunden konnte so ein 15-Meter-Schiff auf dem Kiel stehen.

Wie bei Spannbetonbauten stellte sich allerdings auch hier mit den Jahren die Realität ein. Der Rumpf bekam auch schon bei kleinsten Grundberührungen Risse und das Wasser drang bis zu dem eingelegten Stahl durch. Die Folge war nicht zu stoppender Rost im Inneren des Rumpfes, der den Beton schließlich sprengte.

Ferrozementrümpfe sind von außen unmöglich einzuschätzen. Jede Havarie kann leicht mit Spachtel kaschiert werden, und der Schaden im Inneren bleibt unentdeckt. Dies ist auch der Grund, warum fast alle Yachtversicherungen die Deckung für Ferrozementyachten grundsätzlich ablehnen – das Risiko ist unkalkulierbar.

Pflege

Solange Schiffe neu sind, werden die Vor- und Nachteile ihres Baumaterials nur zum Teil offensichtlich. Interessant wird es, wenn die Schiffe altern. Hohe Renovierungskosten lassen sich meist durch konstante Pflege oder Investitionen im Anfangsstadium vermeiden. Das gilt auch für die angeblich wartungsfreien Kunststoffschiffe. Hauptproblem ist nach wie vor die Osmose, bei der erst das Laminat unter dem Gelcoat feucht wird, anfängt mit den Harzrückständen zu reagieren und schließlich das Wasser von außen regelrecht in das GfK hineinsaugt. Neben dem Laminieren in perfekt klimatisierten Räumen ist vor allem eine wirkungsvolle Sperrschicht gegen Wasser nötig. Viele Werften haben aus der Vergangenheit gelernt und verwenden hochwertiges Isophtalsäure-Gelcoat, das im Gegensatz zu günstigeren Materialien Wasser nicht so leicht eindringen lässt. Wer sichergehen will, lässt vor dem ersten Zuwasserlassen unter dem Antifouling den Rumpf und das Ruder mit einem Epoxid-Primer (Teerepoxid) behandeln.

Aber auch von drinnen ist GfK nicht ganz wartungsfrei. Eine permanent feuchte und ungelüftete Kabine kann den Kunststoff auch von innen nass werden lassen, vor allem, wenn das GfK werftseitig nicht ausreichend geschützt wurde. Überprüfen lässt sich dies mit einigen Blicken in die Bilge, von unten in die Backskisten oder den Schrank in der Toilette: Wurde hier außerhalb des sichtbaren Bereichs auf den Anstrich mit weißem oder grauem Topcoat verzichtet, kann es mit der neuen Yacht später Schwierigkeiten geben, zwar nicht in fünf Jahren, aber in 15. Ärgerlich wird es vor allem, wenn man sich dann zu einer nachträglichen Versiegelung entschließt – die lässt sich nämlich meist nur aufbringen, wenn alle Verkleidungen und Schränke demontiert werden.

Stahl und Aluminium sind vor allem durch Korrosion gefährdet, beide jedoch auf eine eigene Art. Stahl rostet einfach durch Sauer-

Das Schreckgespenst bei Kunststoff heißt Osmose und zieht extrem teure Reparaturen nach sich. Foto: Peter Wrede Yachtrefit GmbH

Pflege

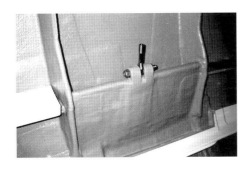

Von innen müssen auch unzugängliche Stellen sorgfältig mit Topcoat versiegelt werden.
Foto: Dehler Deutschland GmbH

stoff und Wasser, und wo es einmal angefangen hat, ist es kaum zu stoppen. Der Rost nimmt jedoch nur in den seltensten Fällen strukturbedrohende Ausmaße an, es sei denn, die Zeit der ungebremsten Korrosion dauert zu lang. Als Faustregel in der Großschifffahrt gilt: Ein Millimeter Stahl ergibt einen Zentimeter Rost. Entfernt man die Rostschicht also, ist auch die Außenwand wieder ein wenig dünner geworden. Bei beispielsweise sechs Millimeter Wandstärke über der Wasserlinie und 12 Millimeter im Kielbereich lässt sich leicht abschätzen, wann der Rumpf an seine Grenzen kommt. Nach dem letzten Einsatz des Schweißgerätes ist also innen und außen Sandstrahlen und ein anschließender Anstrich mit einem hochwertigen Primer nötig. Vor allem innen wird die Rostgefahr unterschätzt. Permanente Salzluft schafft idealen Nährboden und hinter den Einbauten ist dem Rost fast nicht beizukommen, während die Außenseite immer leicht behandelt werden kann. Experten schätzen das Risiko der Durchrostung von außen geringer ein als das von innen.

Ganz anders als der sichtbare Stahlrost verläuft die Korrosion bei Aluminium. Salz und Sauerstoff lassen unbehandelte Stellen zu einer grauen Fläche korrodieren, die dann jedoch nicht weiter nach innen fortschreitet: Die Korrosionsschicht ist gleichzeitig Schutz. Das Problem von Aluminium ist vielmehr sein Platz in der elektrischen Spannungsreihe, wo es fast an letzter Position steht. In Verbindung mit Salzwasser ist es also ähnlich einer elektrischen Batterie permanent versucht, sich jedem edleren Material zu opfern, das im Schiff verwendet wurde. Dazu gehören Messing-Schrauben, Bronze-Ventile oder der Propellerschaft aus Niro. Gefährlichstes Material der Neuzeit ist Kohlefaser, das weit über Aluminium steht und damit kein unbedenklicher Kunststoff ist!

Abhilfe schafft eine ausreichende Zahl der richtigen Zink-Opferanoden an den richtigen Stellen. Als letztes Element in der Spannungs-

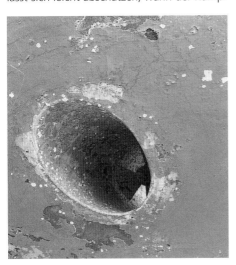

Schon nach wenigen Jahren beginnen Stahlyachten zu rosten.
Foto: Peter Wrede Yachtrefit GmbH

Rumpfmaterial

reihe opfert sich Zink allem anderen. Wichtig ist, reines Zink zu verwenden: Spezielle Angebote anderer Anoden mit Anteilen zum Beispiel von Magnesium drehen den Spieß wieder um, denn bei Aluminium und Zink kämpfen der Vorletzte und der Letzte gegeneinander. Alle anderen Materialien stehen schon wieder höher: Das Schiff opfert sich der Opferanode.

Die Wartungsintensität von Holz ist schließlich schon fast legendär. Holz ist ein organisches Material, das bei Temperaturschwankungen und unterschiedlicher Feuchtigkeit arbeitet. Jede kleine Stelle in der Lackierung lässt Wasser in die Holzfasern eindringen und, wenn es nicht geschliffen, getrocknet und neu behandelt wird, rotten. Am meisten sind davon naturgemäß geplankte Schiffe betroffen, die in allen Stößen permanent arbeiten und Wasser eindringen lassen. Aber auch formverleimte Rümpfe sind nicht frei von diesem Problem. Vor allem im Kielbereich, wo das Kielschwein und alle Holzschichten der Außenhaut aufeinander treffen, ist permanente und sorgfältigste Kontrolle gefragt.

Gelcoat

Als in den Siebzigern der Kunststoffbootsbau so richtig losging, wurden die Häfen zugleich richtig bunt: Die britischen Leisures kamen in fröhlichem Orange oder Gelb, die deutsche Dehler-Werft konterte in dieser Zeit mit allerlei Braun-, Orange-, Grün- oder Beigetönen. Neben klassischem Weiß ist heute vor allem Rot und Blau als Farbe fürs Gelcoat geblieben, einmal abgesehen von den farbigen Streifen, die in den Rumpf mit eingelegt werden. Allen Farben gemein ist ihre höchst unterschiedliche Art zu altern, zu verkratzen oder auszukreiden, wie das langsame Stumpfwerden der Oberflächen genannt wird. Tatsächlich liegt dies an jeweils zwei Faktoren: der Fähigkeit Licht zu reflektieren oder zu absorbieren und der Zusammensetzung des Gelcoats, denn nicht jede Gelcoatschicht ist auch wirklich gleich hart. Reines Weiß gilt als unempfindlichste Beschichtung. Zum einen wird nahezu das gesamte Sonnenlicht von Weiß reflektiert, zum anderen sind die Farbpigmente, die dem Polyester beigemengt werden, bei Weiß am widerstandsfähigsten. Die Gelcoat-Hersteller verwenden dafür weißes Titandioxyd, einen anorganischen Stoff, wie er auch in Zahnpasten als Schleifmittel und weißes Pigment zum Einsatz kommt. Damit ist die Oberfläche sowohl extrem resistent gegen Kratzer als auch gegen schädliche UV-Strahlung.

Ganz anders zum Beispiel bei Blau: Um blau zu scheinen, muss viel Sonnenlicht absorbiert werden, das heißt, das dunkle Gelcoat wird vom Sonnenlicht stärker belastet als ein helles. Zudem ist ein harter, anorganischer Stoff als Pigment nicht verfügbar, sodass auf einen relativ weichen, organischen Stoff zurückgegriffen werden muss: Das Gelcoat ist weicher und somit anfälliger gegen mechanische Belastungen, es verkratzt schneller. Das blaue organische Pigment ist jedoch recht licht- und wasserbeständig, ganz im Gegensatz zum Beispiel zu einem strahlenden Rot, wo ein wirksamer UV-Schutz quasi nicht möglich ist. So eine Farbe muss schnell altern. Das soll deswegen kein Plädoyer gegen farbige Rümpfe sein, ganz im Gegenteil. Wird die Oberfläche von der Werft sorgfältig hergestellt, kann sie ebenfalls gut 10 Jahre halten, bis eine Lackierung fällig wird.

Allerdings sind die Fehler, die beim Verarbeiten des Gelcoats gemacht werden können, zahlreich und bei einem neuen Schiff nicht zu überprüfen. Das reicht von falschen Härtermengen, um eine längere Topfzeit zu erreichen, bis zu zu grob gemahlenen Pigmenten, die sich später in einem schlechten Gelcoat abzeichnen. Wer sichergehen will, sieht sich einmal ältere Schiffe der jeweiligen Werft an, oder sucht Eigner, die schon Erfahrung damit haben. Sind die Oberflächen schon nach zwei, drei Saisons stark angegriffen, ist eventuell schon beim neuen Schiff eine Lackierung eines weißen Rumpfes sinnvoller: Je nach Anbieter liegt eine Lackierung ungefähr beim doppelten Preis eines farbigen Gelcoats, sie ist jedoch wesentlich härter und alterungsbeständiger. Ein Alter von zehn Jahren hinterlässt normalerweise keine Spuren. Ist Ihr farbiges Schiff also nicht lieferbar und die Werft bietet eine Lackierung zum gleichen Preis an, heißt es zugreifen: Das ist ein echtes Schnäppchen.

Um zu wissen, was man kauft, sind die Grundstoffe des Gelcoats wichtig. Als sehr gut haben sich Gelcoats auf Basis reiner Isophtalsäure erwiesen. Die Zugabe von Neopentylglycol erhöht die Wasserfestigkeit. Abgestuft nach Empfindlichkeit steht lichtes Beige oder Bläulich an erster Stelle, gefolgt von Dunkelblau, Grün und Braun/Dunkelrot. Die schwierigsten Farben sind Orange-Gelb (je brillanter, desto schlimmer) und brillantes Rot. Der Unterschied zwischen den Rot-Tönen liegt in den verschiedenen Beigaben: Dunkles Rot wird durch Zugabe von anorganischem Eisenoxyd erreicht, was die Farbe wieder sehr stabil macht. Um die Oberflächen zu erhalten, hilft viel Waschen, Polieren und Wachsen, wobei einfache Auto-Pflegemittel ausreichen. Der schnelle Tod des Gelcoats ist die Verwendung aggressiver Reiniger: Sie dürfen auf keinen Fall stark alkalisch, sauer oder gar lösemittelhaltig sein.

RUMPFMATERIAL

Glasfaserverstärkter Kunststoff
+ gezielte Krafteinleitung
+ leicht
+ einfache Formgebung
+ nicht sehr pflegeintensiv

− Zusammensetzung nicht zu prüfen
− Schwächen im Laminat erst später sichtbar

Stahl
+ sehr stabil
+ einfach zu reparieren

− schwierige Formgebung
− sehr schwer
− besonders von innen durch Korrosion gefährdet

Aluminium
+ relativ geringes Gewicht
+ nicht sehr pflegeintensiv

− schwierige Formgebung
− schwer zu reparieren
− Gefahr elektrochemischer Korrosion

Holz
+ Kleinserien gut herzustellen
+ formverleimt gut formbar und leicht

− wartungsintensiv
− geplankt schwer und teuer herzustellen

Ferrozement
+ sehr schnell zu produzieren
+ billig

− eventuelle Schäden im Rumpf nicht sichtbar

11. Kräfte im Rumpf

Eine Segelyacht wird von einer fast unglaublichen Menge von Kräften durchzogen, die man sich nur sehr selten bewusst macht. Wichtig ist dabei das Erkennen der Kräfte. Der Mast steht nicht an Deck und wird von den Wanten gehalten, vielmehr strebt der Mast samt Segeln vorwärts und an den Püttingen entsteht die Kraft, die die Masse des Schiffes mit sich reißt. Genuawinschen holen zwar die Schoten dicht, in Wahrheit hängt aber auch an den Schoten wieder das gesamte Schiffsgewicht, das gegen die Reibung des Wassers vorangezogen werden will. Bei einem Acht-Tonnen-Schiff sind das sieben VW Golf, die an Schoten und Püttingen hängen, erschwert durch Krängung, Stampfen, Seegang und Böen. Auf der Unterseite versucht die Kielflosse mit einigen Tonnen Gewicht am kurzen Hebel der Kielbolzen das Schiff aufrecht zu halten und belastet den Rumpf im Kielbereich zudem. Die Kräfte von Rigg und Kiel bilden einen Kreis im Rumpf, keine Kraft wird einfach »aufgenommen«, sondern vielmehr dorthin umgeleitet, wo die Gegenkraft wirkt.

Was man einfach für die Auflagefläche der Bodenbretter halten könnte, ist in Wirklichkeit der am höchsten belastete Bereich einer

Endgültige Lösung: Ein massiver Stahlrahmen nimmt die Kräfte von Rigg und Kiel auf. Foto: X-Yachts

Kräfte im Rumpf

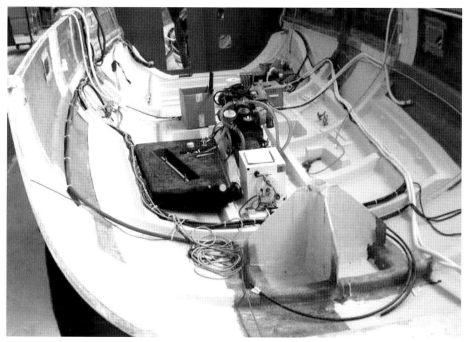

Großserienhersteller schwören auf eingeklebte Innenschalen, die gleichzeitig Fundament für wichtige Einbauten sind. Foto: Reissig

Yacht: der Kielbereich und die zur Verstärkung aufgebrachten Bodenwrangen. Sie sind das Rückgrat des gesamten Schiffes! Hier steht der Mast am tiefsten Punkt des Rumpfes, die Kielbolzen halten den Kiel, und über die Püttinge und Unterzüge werden die Lasten der Wanten in den Boden- und Wrangenbereich eingeleitet. Erschwerend versuchen Vor- und Achterstag das Schiff an seinen Enden hochzubiegen, sodass auch dieses Moment hier aufgefangen werden muss. Alle Kräfte muss der Rumpf allein als Kraftsystem ertragen, ohne dabei über die Jahre zu ermüden und weich zu werden. Prinzipiell gilt zudem: Je schwerer das Schiff, desto größer die Kräfte, die das Kraftsystem Rumpf aufnehmen muss. Dementsprechend kräftig muss der Bau an dieser Stelle auch ausgeführt sein.

Bei Stahl und Aluminium sind diese Bereiche fast aus Prinzip überdimensioniert. Beide Materialien können hohe Scher- und Zugkräfte aufnehmen, ohne zu brechen oder nachzugeben. Die notwendigen Verstärkungen und Fundamente werden an den markanten Stellen eingeschweißt, und selbst die Außenwand des Rumpfes ist in der Lage, große Kräfte aufzunehmen. Interessant wird die Sache bei Holz oder dem Massenwerkstoff Kunststoff. Hier ist es schwer zu unterscheiden, welche Werft ihre Schiffe über Jahre stabil bekommt. Und die Liste der Hersteller mit

Kräfte im Rumpf

in der Vergangenheit weich gewordenen Schiffen ist lang.

Bodenwrangen
Um die Zahl der Kräfte im Kielbereich aufzunehmen, genügt nicht ein einfacher, massiv laminierter Rumpf. Er würde versuchen sich zu verdrehen, zu biegen und zu beulen. Daher wird zur Verstärkung ein Geflecht von Bodenwrangen aufgebracht, das in alle Richtungen stabilisieren soll. Natürlich gibt es dabei so viele Unterschiede, wie es auch verschiedene Klebeverfahren gibt.

Die einfachste Methode für den Großserienbau ist eine eingeklebte Innenschale. Sie wird außerhalb der Yacht komplett – von den Fundamenten für die Püttinge bis zu allen Aufnahmen für Schotten, Bodenbretter und teilweise auch für Tanks, Boiler oder Ausrüstung – fertig laminiert. Häufig sind darin auch schon die Salonbänke, Teile der Pantry oder die Kojenunterbauten in Vor- und Achterschiff bereits enthalten. Bevor das Deck aufs Schiff kommt, wird die gesamte Bodeneinheit mit dauerelastischem oder fest abbindendem Kleber als Strukturverstärkung in den Rumpf montiert. Für die Werft ist dies ein schnelles und im Finish sehr sauberes Verfahren. In der Praxis sind die Klebestellen jedoch so gut wie nicht überprüfbar. Sollte sich eine der Klebestellen lösen, würde der Rumpf in diesem Bereich umso mehr arbeiten und die benachbarten Verklebungen belasten. Beliebt ist dieses Verfahren dennoch, da sich die Bodensektion sehr leicht sauber halten lässt.

Viele Hersteller schwören um der Haltbarkeit und der Steifigkeit des Schiffes willen auf einlaminierte Wrangen, um die großen Kräfte aufzufangen. Dafür werden GfK-Halbschalen kopfüber auf die Innenseite des Rumpfes ge-

Fest einlaminierte Bodenwrangen leiten die Kräfte am besten ins Schiff ein, sind aber nur zeitaufwändig herzustellen. Foto: Dehler Deutschland GmbH

legt und in mehreren Schichten überlaminiert. Die Wrangen werden bei dieser Verbindung Teil des Bodenbereiches. Sie sind quasi untrennbar mit ihm verbunden. Es ist nahezu unmöglich, dass der Rumpf an dieser Stelle anfängt zu arbeiten.

Großer und teurer Nachteil während der Fertigung ist gegenüber der eingeklebten Innenschale das deutlich schwierigere Finish. Da alle Laminierarbeiten als Teil der Bilge von oben sichtbar sind, müssen sie sehr sorgfältig ausgeführt und schließlich mit Topcoat gegen Feuchtigkeit geschützt werden. Auch die Auflage der Bodenbretter ist eventuell eine anpassungsintensive Handarbeit, da die Oberflächen nicht homogen sind. Die norwegische Maxi-Werft verstärkt den Bereich der Wrangen zudem mit besonders reckarmen Kohlefasermatten.

Eine weitere sehr stabile, wenn auch technisch aufwändige und nicht ganz leichte Lösung ist das Einsetzen eines Metallrahmens aus verzinktem Stahl oder Niro. Der Rahmen kann schon von Haus aus nicht arbeiten und zudem extrem hohe Punktbelastungen durch Kielbolzen oder Einleitung von Unterzügen aufnehmen. Um eine flächige Einleitung mit dem Rumpf zu erzielen, muss der Rahmen sorgfältig und mit vielen Lagen einlaminiert werden. Denn anders als der Rahmen, hat der Rumpf die Tendenz sich unter Last zu bewegen und muss daher sehr fest mit dem Metall verbunden werden. Die Haltekraft ist dann kaum zu überbieten, wenn sie auch durch ein höheres Gewicht erkauft wird.

Unterzüge und Püttinge

Ober- und Unterwanten enden an Deck in den Deckspüttingen und werden mit Wantenspannern dichtgeholt. Das Deck selbst kann jedoch Kräfte in diese Richtung unmög-

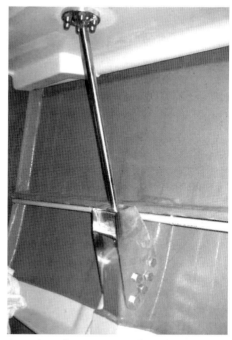

Je weiter die Wantenpüttinge innen sitzen, desto massiver muss die Einleitung in den Rumpf sein. Foto: Dehler Deutschland GmbH

lich aufnehmen, das ist mit der Unterstützung von Knotenblechen lediglich bei Stahl und Aluminium möglich, die Krafteinleitung ist somit kein Problem. Bei Holz und Kunststoff müssen an dieser Stelle die Kräfte durch das Deck hindurch und über den Rumpf in die Bodensektion des Schiffes eingeleitet werden, denn das Deck an sich ist für diese Belastung nicht ausgelegt. Zur Weiterleitung der Kräfte fungieren die so genannten Unterzüge als verlängerter Arm der Wanten unter Deck. Meist sind das massive Nirostäbe mit einem Wantenspanner, die an der Kajütdecke anfangen und hinter der Rückenlehne des Sofas verschwinden.

Kräfte im Rumpf

Mit innen liegenden Püttingen lässt sich die Genua weiter innen schoten; einige Grad mehr Höhe sind die Folge. Foto: J-Boats

Je kürzer die Salinge und je breiter das Schiff, desto weiter innen auf dem Laufdeck befinden sich die Wanten und desto länger werden auch die Unterzüge. Denn alle Kräfte, die von oben kommen, müssen in Kraftrichtung der Wanten unter Deck weitergeleitet werden, um das Deck nicht zu belasten.

In der Praxis sind also bei Schiffen, die zugunsten des Kreuzwinkels mit kurzen Salingen bestückt sind (siehe auch »Mast und Rigg«), die Unterzüge im Salon sehr präsent; ein »Verstecken« in einem Schrank oder einer Verkleidung ist nahezu unmöglich. Je weiter innen die Wanten an Deck stehen und je dichter die Genua somit gefahren werden kann, desto größer wird auch die Kraft, mit der die Wanten zur Maststabilisierung angezogen werden müssen. Das zeigt sich bei der Ausführung der Püttinge zur Einleitung der Kräfte in den Rumpf.

Die teuerste und schwierigste Lösung ist ein langer Unterzug bis in die Höhe des Wasserpasses, wie er beispielsweise bei einer Dehler 39 üblich ist. Das Schiff ist konsequent auf Erfolge auf der Regattabahn ausgelegt, der Kreuzwinkel und damit auch die Genuaholepunkte spielen eine entscheidende Rolle. Der daraus resultierende große Zug auf den Wanten führt dazu, dass auch die Befestigung der Püttinge hier besonders stark ausgeführt und mehrfach überlaminiert ist, um eine feste Einheit mit dem Rumpf zu bilden.

Je mehr das Schiff zum Fahrtensegeln konzipiert ist, desto geringer wird der Zug der Wanten dank breiterer Salinge und desto weiter außen können die Unterzüge in den

Schotten

Die preisgünstigste Variante ist das Befestigen der Wanten außen am Rumpf. Foto: Reissig

dynamik sind hier Kreuzwinkel unter 90 oder 95 Grad unmöglich.

Schotten
Ohne gepfeilte Salinge, die den Mast gegen den Zug des Großsegels in Schiffslängsrichtung stabilisieren, war früher das Hauptschott der zentrale Punkt der Yacht. Auf ihm stand der Mast, und auch die Wanten griffen hier an. Das ist heute nur noch in den seltensten Fällen üblich: Stark gepfeilte Wanten und gebogene Masten sind die Regel (siehe auch »Das Rigg«), die Wanten enden weit hinter dem Mastfuß in eigenen Fundamenten und Püttingen. Die Masten sind häufig durchgesteckt oder stehen auf einer separaten Maststütze, um mehr Raum im Salon zu erhalten. Damit hat das Hauptschott in vielen Schiffen eine seiner Hauptaufgaben verloren. Bei kleineren und mittleren Schiffsgrößen ist eine Maststütze auch durchaus in Ordnung. Gerade bei größeren Yachten ab 40 Fuß ist die frei stehende Stütze bei seegehenden Yachten aber eine instabile Lösung. Selbst wenn sie aus Niro oder massivem Holz ist, sind die Druckkräfte, die die Stütze seitlich auslenken lassen, sehr groß. Ein durchgesteckter Mast oder eine Stütze in Höhe des Hauptschotts ist zur besseren Krafteinleitung in dieser Schiffsgröße die sicherere und bessere Lösung.

Das Hauptschott am Mast und das Schott im Achterschiff sind neben den Bodenwrangen die hauptaussteifenden Elemente im Schiff. Sie gewähren zusammen mit der Rumpf-Deck-Verbindung die Steifigkeit und Torsionsfestigkeit des Schiffs im Seegang. Bei beiden Verbindungen gehen heutige Großseri-

Salon eingezogen werden. Hier genügen anlaminierte Sperrholzknie als Püttinge unter dem Deck, um die Kräfte aufzunehmen. Zumeist sind daran beidseitig Nirobänder verbolzt, die die Unterzüge halten. Diese Lösung dominiert zwangsläufig auch den Innenraum nicht so stark, sodass die Wantenfundamente wie zum Beispiel bei schwedischen Najad-Yachten in die Einrichtung integriert werden können und teilweise nicht einmal zu sehen sind. Die einfachste Lösung ist schließlich das Verschrauben der Deckspüttinge direkt an der Rumpf-/Deckskante. Hier kommen nur selten Verstärkungen unter Deck hinzu. Besonders bei amerikanischen Großserienschiffen ist diese sehr günstige Variante beliebt, die Amwind-Eigenschaften mit der großen Genua sind dadurch jedoch extrem eingeschränkt. Einmal abgesehen von der Hydro-

enhersteller ähnlich wie bei den Bodenwrangen unterschiedliche Wege.

Ideal sind durchgehende, einlaminierte Schotten, die nur durch die Tür ins Vorschiff partiell unterbrochen werden sollten. Diese ungeteilten Schotten stellen jedoch in der Herstellung ein Problem dar und werden nur noch von wenigen Firmen in einem Stück eingesetzt. Immerhin kann so ein Schott für ein 40-Fuß-Schiff schon einmal um die sechs Quadratmeter Fläche haben, für den Einbau muss somit das Deck noch neben dem Schiff stehen. Ist das Deck erst einmal mit dem Schiff verbunden, bekommt man das Schott nur noch in Teilen durch den Niedergang. Für den Fertigungsablauf ist das in vielen Fällen von Vorteil, die Stabilität des Schiffes leidet jedoch darunter.

Bei der Verbindung mit Rumpf und Deck ist Laminieren wie bei den Wrangen die beste und stabilste Möglichkeit der Verbindung, denn das Schott wird damit fester und untrennbarer Bestandteil des Rumpfes. Im Fertigungsablauf hat das Laminieren jedoch auch die meisten Nachteile und benötigt die meiste Zeit. Zum einen muss während des Innenausbaus mit Harz und Glasfasermatten unter Deck gearbeitet werden, zum anderen braucht das Harz Zeit zum Trocknen. Außerdem müssen die Klebekanten danach so bearbeitet werden, dass die Inneneinrichtung auch an diesen Stellen makellos aussieht.

Dieser Fertigungsaufwand hat dazu geführt, dass neben Premium-Werften wie Hallberg-Rassy, Schöchl und Najad nur wenige andere Hersteller wie Dehler und Jeanneau die Schotten einlaminieren. Viele andere Werften versuchen dem wachsenden Kostendruck schon hier einen Riegel vorzuschieben und die Schotten einfacher zu befestigen. Moderne Materialien und Fertigungsverfahren machen das möglich, wenn auch der Rumpf dadurch deutlich instabiler wird. Ein sehr günstiges Verfahren ist das Einstellen der Schotten in Aussparungen, die in den Innenschalen von Deck und dem Rumpf vorgesehen sind. Ein angedickter Kleber wird in der Fuge hinzugefügt und kann abbinden, während der restliche Ausbau parallel vorgenommen werden kann. Am günstigsten werden die Schotten einfach nur mit dauerelastischer Dichtmasse einseitig an vorgesehene Aussparungen geklebt.

Das Schiff wird deswegen nicht schlechter segeln, jedoch werden die weichen Verbindungen auf See deutlich spürbar sein.

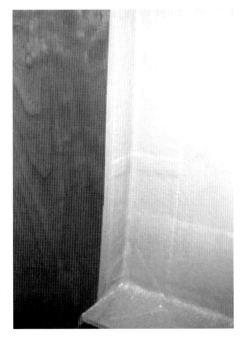

Äußerst zeitintensiv herzustellen, aber in der Stabilität unschlagbar sind einlaminierte Schotten. Foto: Dehler Deutschland GmbH

Rumpf-Deck-Verbindung

Werden Deck und Spiegel erst nachträglich aufgesetzt, ist der Ausbau in der Werft wesentlich einfacher zu machen. Foto: Bavaria Yachtbau

Der Rumpf kann arbeiten, und in Möbeln, Verbänden und Bodenbrettern wird es häufig knarren, während ein steifer Rumpf fast geräuschlos bleibt.

Rumpf-Deck-Verbindung
Ebenfalls fast unsichtbar für den Käufer, aber genauso entscheidend für die Stabilität einer Yacht und die Bauqualität der Werft ist die sogenannte Rumpf-Deck-Verbindung. Sie ist eine der zentralen Stellen des Kunststoffschiffs. Hier ist eine Naht konstruktiv fast unvermeidbar und wieder hilft nur viel Aufwand in der Herstellung, um eine stabile Verbindung zu schaffen.
Von außen wirken viele Serienschiffe heute nahezu identisch, wenn man die Deckskante betrachtet: Eine gelochte Aluminiumschiene ist gleichzeitig Rammschutz im Hafen, Fußreling, Klüse für die Festmacher und Klampenfundament. Dass die Schrauben in der Leiste das Deck auf dem Schiff halten, wird dabei häufig übersehen. Werften, die auf diese Leiste verzichten, scheinen mithin Geld sparen oder eine moderner wirkende Verbindung schaffen zu wollen.
Damit ist die Rumpf-Deck-Verbindung eines der am meisten unterschätzten Bestandteile des Schiffes. Schließlich befinden sich zum Beispiel Genuaschienen und Winschen sowie die Großschotholepunkte an Deck. Das heißt, alle vorwärts treibende Kraft der Segel wird über die Schoten durch die Rumpf-Deck-Verbindung an den Rumpf weitergeleitet, der, durch den Kiel aufrecht gehalten, gegen den Widerstand des Wassers bewegt werden will.

Eine gewaltige Aufgabe also, die eine auf Dauer haltbare Lösung fordert.

Schon bei der scheinbar identischen Aluminiumschiene gibt es die unterschiedlichsten Verbindungen. Gleich ist bei allen das Prinzip, nach dem gearbeitet wird: Rumpf und Deck überlappen und werden mit Dichtungsmasse aufeinander gelegt. Als Abschluss, auch um die Schnittkanten zu verdecken, kommt die Aluminiumschiene darüber, und alles wird mit einer Vielzahl von Schrauben zusammengezogen. Die stabilste Lösung sind Maschinenschrauben, die von unten Scheiben und Muttern als Gegenstück haben; eine Vielzahl von tragenden Gewindegängen erlaubt einen starken Anpressdruck. Problematisch und teuer ist das Festziehen dieser Schrauben, denn die Rumpf-Deck-Verbindung muss von unten zugänglich sein, damit ein zweiter Arbeiter die Muttern halten kann. Einfacher, aber mit weniger Kraft anzuziehen sind gebohrte Gewindeplättchen, in die die Schrauben ihr Gewinde selbst schneiden; dennoch ist auch hier ein zweiter Mann auf der Unterseite nötig.

Am günstigsten sind die so genannten Ein-Mann-Verbindungen, bei denen von oben einfach Holzschrauben in das GfK gedreht werden. Um größere Kräfte zu übertragen, werden von unten teilweise zusätzlich Holzleisten angelegt. Das hat zudem den Vorteil, dass an der Innenseite die Spitzen der Schrauben nicht hervorschauen. Möchte man beim Kauf sichergehen, wie Rumpf und Deck verbunden wurden, lohnt sich ein Blick kopfüber in den Ankerkasten oder die Backskisten: Hier macht sich keine Werft die Mühe, die Verbindung zu verdecken, und die Arbeit ist für jeden sichtbar.

Fängt die Rumpf-Deck-Verbindung nach Jahren eventuell einmal an zu lecken, ist eine wirksame Reparatur ohne Anheben des Decks fast unmöglich. Daher verzichten einige Werften auf die Verschraubung und verbinden die beiden Teile dauerhaft durch Laminieren. Wie bei den Schotten ist das natürlich die schwierigste Art des Verbindens und dementsprechend teuer in der Herstellung. So überlappen zum Beispiel bei Contest und Schöchl Rumpf und Deck zirka eine Hand breit unter der Deckskante und werden von innen massiv überlaminiert. Dehler setzt Rumpf und Deck stumpf aufeinander und laminiert dann von innen, um auf den Wulst in der Außenhaut zu verzichten, während Najad

Wie Rumpf und Deck verbunden sind, zeigt sich meist in der Backskiste: Hier wurde nur geklebt. Foto: Reissig

und Hallberg-Rassy bei ihren größeren Schiffen direkt in der Rumpf-Decks-Kante stabil laminieren und die Nähte von oben mit massiven Holzleisten abdecken. Bei Schiffen unter 34 Fuß hält Hallberg-Rassy diese Verbindung für entbehrlich und greift dort auf verbolzte Aluminiumleisten zurück.

Einen ganz eigenen Weg gehen zum Teil der französische Massenhersteller Bénéteau, die italienische Grand-Soleil-Werft und X-Yachts: Bei ihnen überlappen Rumpf und Deck auf sehr großen Flächen und werden mit angedicktem Epoxidharz verbunden. Kompositbau heißt hier das Zauberwort, der eine sehr leichte und hochfeste Verklebung ermöglichen soll. Von außen ergibt dieses Verfahren eine formschöne Verbindung, die sich ohne großen Aufwand an Arbeitsstunden herstellen lässt. Bei der Herstellung müssen Temperatur, Luftfeuchte und Materialmischung exakt stimmen, denn Beschädigungen sind in der abgeschlossenen Klebenaht später praktisch nicht feststellbar und auch eine eventuelle Reparatur ist extrem schwierig.

Je stabiler die Rumpf-Deck-Verbindung ausgeführt ist, desto ruhiger wird das Schiff innen unter Segeln sein, und auch die Einrichtung leidet dann natürlich weniger, weil sie nicht permanent arbeitet. Die Spiegel werden heute übrigens bei vielen Großserienwerften mit dem Deck laminiert und später mit ihm aufgesetzt. Dadurch ist der Rumpf zwar unterbrochen, aber der Zugang für die Ausbauten von achtern her frei.

KRÄFTE IM RUMPF

Bodenwrangen in GfK-Schiffen
  laminiert
    + sehr stabil
    + gute Krafteinleitung
    + leicht
    – schwieriges Finish
  geklebt
    + schnell zu erstellen
    + sehr sauberes Finish
    + beinhaltet Teile des Ausbaus
    – Schäden schwer feststellbar

Stahlwrangen
    + extrem stabil
    + sehr scherfest
    – schwer
    – aufwändig einzubauen
    – schwierige Verbindung zum GfK

Schotten in GfK-Schiffen
  laminiert
    + sehr stabil
    + verwindungssteifer Rumpf
    – schwieriges Finish
    – zeitaufwändig einzubauen
  geklebt
    + sauberes Finish
    + schnell herzustellen
    – weniger verwindungssteif

Rumpf-Deck-Verbindung
    ++ laminiert
    + verbolzt
    +/– mit Holzleisten unterlegt und verschraubt
    – verschraubt

12. Die Ruderanlage

Als einziges bewegliches Teil unterhalb der Wasserlinie kommt dem Ruder eine zentrale Aufgabe zu: Mit ihm soll sich das Schiff steuern lassen. Es wirkt als zweite hydrodynamisch wirksame Fläche neben dem Kiel (siehe auch Stabilität und Hydrodynamik) ebenso stabilisierend auf den Kurs des Schiffes, wie auch lenkend, wenn der Kurs geändert werden soll. Generell gilt dabei: Je weiter das Ruder achtern am Schiff angebracht ist, desto stabilisierender wirkt es auf den Geradeauslauf, desto größer sind jedoch auch die auf das Ruder wirkenden Kräfte und desto stärker wirken sich Ruderkorrekturen des Steuermannes aus. Umgekehrt macht ein weit vorne stehendes Ruder das Schiff unruhiger, die wirkenden Kräfte auf das Ruderblatt sind aber geringer und zum Steuern sind größere Ausschläge notwendig.

Für ein Fahrtenschiff ist also ein großer Abstand zwischen Kiel und Ruderblatt durchaus wünschenswert, auch wenn sich durch diese Anordnung gleichzeitig die Wendigkeit und der Drehkreis verschlechtern. Entscheidend ist bei allen Rudern die Art der Aufhängung. Geht das Ruder zum Beispiel bei modernen GfK-Schiffen sehr tief und liegen die Lager, in denen der Ruderschaft dreht, nah beieinander, werden diese durch den großen wirksamen Hebel auch am meisten beansprucht. Ganz im Gegensatz dazu liegt der klassische Langkieler, dessen Ruder nicht nur oben im Rumpf, sondern zusätzlich in zwei bis drei Lagern an der Kielachterkante abgefangen wird. Hydrodynamisch nicht ganz unproblematisch, aber ein kleines Sicherheitsplus, was die Lagerung angeht, ist ein Ruder mit Skeg. Auch hier wird unterhalb des Rumpfes im Skeg noch ein zusätzliches Lager eingebaut, das Kräfte aus dem Rumpf fern hält.

Ruderlager

Die Art der Lagerung ist immer dann von entscheidender Bedeutung, wenn ungewöhnlich hohe Kräfte auf das Ruderblatt wirken, wie es zum Beispiel bei großer Luvgierigkeit durch zu viel Segel, beim Auflaufen oder bei der Kollision mit Treibgut der Fall ist. Völlig geschützt ist hier nur das Ruder eines Lang-

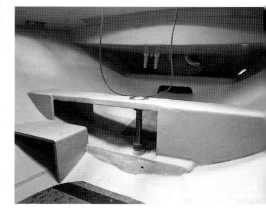

Je kürzer die Einleitung in das Schiff, desto stabiler müssen die Ruderfundamente ausgeführt sein. Foto: Hallberg-Rassy Varvs AB

kielers, das sich komplett hinter dem Kiel verbirgt, während ein Skeg immerhin einen Teilschutz gewährleistet. Neben dem guten Schutz vor Treibgut bleibt die Angriffsfläche unter Wasser relativ klein, sodass ein Aufprall kleine Belastungen mit einem kurzen Hebelarm an die großen Lager weitergibt. Hydrodynamisch dagegen am wirksamsten ist ein freitragendes, vorbalanciertes und gut profiliertes Schweberuder, jedoch sind hier die auftretenden Kräfte in den Lagern und in den Fundamenten am größten.

Auch die Decks- und Cockpitform sowie der Innenausbau tragen zu großen Kräften in den Ruderlagern und -fundamenten entscheidend bei und können nur durch kräftigere Lager und stärkere Materialdimensionierung ausgeglichen werden. Am besten verteilt sich bei einem frei stehenden Ruder die Kraft im Schiff, wenn sich das untere Lager im Rumpf und das obere direkt unterhalb der Deckskante befindet. Diese Anordnung ist jedoch nur bei achtern geschlossenen Cockpits möglich. Verfügt das Schiff über einen Heckdurchstieg zum Begehen der Badeleiter oder ist wie bei einem Regattaschiff hinten offen, liegt das obere Ruderlager in Höhe des Cockpitbodens, also ungefähr auf halbem Weg. Auch die Hebelkräfte verdoppeln sich bei Krafteinwirkung entsprechend. Das Gleiche gilt für Schiffe mit einer weit nach achtern ragenden Achterkajüte: Hier muss der Ruderschaft häufig unter der Koje enden, dementsprechend kurz ist der Hebel.

Beim Bootskauf sollte man daher intensiv auf die Ruderlagerung und eine dem Hebel entsprechende Befestigung achten, denn das untere Lager befindet sich immer in der Rumpfschale und kann sie im Ausnahmefall gnadenlos zerstören. Gerade mit einem Niro-Ruderschaft bricht bei falscher Dimensionierung zuerst der Rumpf und dann der Schaft. Bei der Bootsbesichtigung sollte man sich daher nicht scheuen, einmal in die achtere Backskiste zu steigen oder die Eignerkoje komplett auseinander zu bauen. Anders lässt sich die Anlage nicht überprüfen.

War bis in die 70er- und 80er-Jahre das bevorzugte Material für die Ruderlager Bronze (welches permanent gefettet werden musste), werden von den meisten günstig anbietenden Herstellern heute standardmäßig Lager aus Polyformaldehyd (Delrin) eingebaut, welche im Wochenendbetrieb über Jahre halten können. Delrin ist ein relativ abriebfester Kunststoff, in dem der Ruderschaft gleitend gelagert ist und der aufgrund seiner selbstschmierenden Eigenschaften im Vergleich zu anderen Kunststoffen relativ abriebfest ist. Trotzdem nutzen die Lager jedoch mit der Zeit stark seitlich ab, je kürzer der Weg zwischen den Lagern, umso mehr.

Bei starker Belastung des Ruders kann zudem eine Schwergängigkeit der gesamten Ruder-

Für die verschiedenen Belastungen lagert Hallberg-Rassy seine Ruder in drei verschiedene Lagerarten: Gleitlager, Kugellager und Rollenlager. Foto: Hallberg-Rassy Varvs AB

Die Ruderanlage

*Selbstausrichtendes Ruderlager.
Foto: Whitlock/Sailtec*

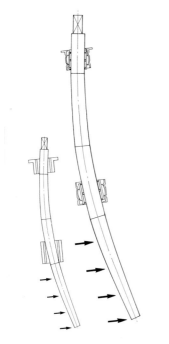

Im Gegensatz zu selbstausrichtenden Lagern (rechts) biegen frei stehende Ruder durch den Druck des Wassers nach Lee und verkanten (links). Zeichnung: Whitlock/Sailtec

anlage hinzukommen, da sich bei frei stehenden Rudern der Schaft unter Last biegt. Vertragen die Lager diese Belastung nicht, verkantet der Ruderschaft regelrecht. Einzig Ruder mit Kohlefaserschaft, die auch bei Serienschiffen mittlerweile im Kommen sind, biegen nahezu nicht. Hinzu kommt bei ihnen noch der immense Gewichtsvorteil gegenüber einem Ruder mit Niroschaft: Sie sind fast um die Hälfte leichter. Bei Kollisionen stehen die Kohlefaserschäfte generell dem Niro in nichts nach, nur bei Überlastung reagieren sie vollständig anders. Kollidiert die Yacht beispielsweise mit einem Stein, wird der Niroschaft verbiegen und sich das Ruderblatt im schlechtesten Fall so unter dem Rumpf verkanten, dass es sich nicht mehr bewegt. Ein Kohlefaserschaft verbiegt überhaupt nicht, sondern bricht ohne Vorwarnung bei Überlast glatt ab.

Um großen Verschleiß in den Lagern und damit verbundenem Ruderklappern vorzubeugen, rüsten renommierte Hersteller ihre Schiffe mit aufwändigen Pendelrollenlagern aus. Diese Art Lagerung verschleißt praktisch nicht, ist jedoch relativ teuer: Für ein 45-Fuß-Schiff kann hier ein Aufpreis von gut 5000 Euro entstehen, bei einem Schiff unter 40 Fuß zirka 1200 Euro. Eine Investition, die sich lohnen kann, gerade wenn man mit seinem Schiff einmal längere Törns unternehmen möchte. Positiver Nebeneffekt sind dabei die geringeren Kräfte zum Steuern, die Reibung kann bei 10 Prozent und weniger im Vergleich zu Gleitlagern liegen.

Als echter Ruder- und Lagerkiller haben sich übrigens alle Arten von Selbststeueranlagen herausgestellt. Während ein Mensch als Rudergänger in der Welle und vor allem vor dem Wind den Kräften des Ruders immer ein wenig nachgibt, ist die Selbststeueranlage unerbittlich. Sie hält mit voller Kraft dagegen, bis das Schiff wieder auf Kurs ist. Dadurch gehören auf Segelyachten, die auf der Passatroute den Atlantik gemeistert haben, Ruderreparaturen zu den häufigsten Problemen. Dazu zählen verschlissene Lager, zerstörte Fundamente oder angebrochene Skegs.

Kräfte beim Steuern

Die Kräfte während des Steuerns werden durch die so genannte vorbalancierte Fläche des Ruderblattes reduziert. Das heißt, ein Teil der Ruderfläche befindet sich vor dem Drehpunkt des Ruders und somit vor dem Ruderschaft. Schlägt das Ruder zum Beispiel nach Steuerbord aus, wandert die vorbalancierte Fläche nach Backbord und wird durch das vorbeiströmende Wasser nach hinten gedrückt. Um diesen Druck reduziert sich für den Rudergänger die Kraft, mit der er steuern muss; das Vorbalancieren ist also eine Art Servolenkung für das Schiff.

Je größer diese vordere Fläche wird, desto mehr lässt die Kraft zum Ruderlegen nach. Das erscheint positiv, wenn ein Schiff zum Beispiel stark luvgierig ist und permanent Gegenruder nötig wird. Negativ macht sich eine große Vorbalancierung jedoch bemerkbar, wenn das Schiff einmal sich selbst überlassen werden soll: Das anströmende Wasser wird das Ruderblatt auch immer ein wenig zum Auslenken animieren, und sobald die Yacht eine kleine Kurve fährt, läuft sie durch die »Servounterstützung« in wenigen Sekunden vollständig aus dem Kurs. Gut prüfbar ist das Verhältnis zwischen Ruderblattfläche und Vorbalancierung unter Maschine: Der Schraubenstrom lässt ein überbalanciertes Ruder augenblicklich querschlagen, wenn man es

Mit frei stehenden und vorbalancierten Ruderblättern wird die Kraft beim Steuern reduziert. Foto: Reissig

Die Ruderanlage

loslässt. Konstruktiv ist eine Vorbalancierung bei an den Kiel angehängten Rudern fast unmöglich, bei Schiffen mit Skeg ist sie teilweise darunter möglich.
Bei der Probefahrt sollte man schon ganz am Anfang die Vorbalancierung ausloten. Denn wird das Schiff schnell luvgierig, lässt eine zu leichtgängige Ruderlage schnell vergessen, dass das Ruderblatt bei Geradeausfahrt schon mit zehn Grad Lage durchs Wasser gezogen wird und die Yacht eigentlich total vertrimmt ist. Selbst bei vorbalancierten Ruderblättern muss das Schiff nahezu neutral auf dem Ruder liegen. Die sprichwörtliche »leichte Luvgierigkeit« moderner Konstruktionen bedeutet nicht permanentes Gegenlenken.

Doppelruderanlagen

Aus der Regattaszene kommend, setzen sich auch bei Serienschiffen zunehmend Doppelruderanlagen durch (siehe auch Seeverhalten). Denn nicht nur bei breiten Schiffen hat ein einzelnes Ruder in der Mitte des Schiffes eindeutig seine Schwächen. Schon bei normalem Ruderlegen ohne Krängung muss das Ruder unter dem Schiff ein wenig quer gestellt werden, zu der Kurskorrektur kommt somit ein bremsender Reibungswiderstand. Je weniger das Ruderblatt profiliert ist, je weniger also eine Auf- und eine Abtriebsseite wie beim Kiel vorhanden sind, desto ungünstiger ist das Verhältnis zwischen Kurskorrektur und bremsendem Widerstand.

Bei den meisten Fahrtenschiffen befinden sich beide Doppelruder permanent unter Wasser.
Foto: Reissig

Krängt das Schiff zudem, kommt noch ein dritter Faktor hinzu, wenn nämlich nur noch ein Teil der Steuerwirkung zur Kurskorrektur dient, der andere Teil jedoch das Heck aus dem Wasser hebt oder hineindrückt. Je schräger das Schiff liegt, desto unglücklicher wird das Verhältnis. Deutlich wird das beim Abfallen, wenn das Heck des Schiffes spürbar angehoben oder beim Anluven ins Wasser gedrückt wird.

Um dieser Kraftverschwendung zu begegnen, wurden zuerst bei Regattaschiffen Doppelruderanlagen eingesetzt, bei denen das jeweils leewärtige der zwei Ruderblätter bei zirka 15 Grad Lage senkrecht im Wasser steht. Idealerweise muss dann jedoch das jeweilig luvwärtige Ruderblatt aus dem Wasser schauen, sonst kompensieren sich Vor- und Nachteile, da das Luvruder im Winkel unverhältnismäßig schlechter im Wasser steht.

Bei modernen Serienyachten sind diese widerstandsmindernden Eigenschaften allerdings nahezu nichtig. Bei fast allen Herstellern mit Doppelruderanlagen befinden sich beide Ruder fast permanent unter Wasser und lediglich bei extremer Krängung taucht eines von beiden aus. Der Grund für Doppelruderanlagen liegt heute eher in der Tiefgangsreduzierung, denn zwei Ruder müssen nicht so tief gehen wie eines in der Mitte. Gerade bei Schiffen mit flach gehenden Kielen, Integral- oder Kielschwertern sind daher Doppelruder beliebt, da sonst das Ruderblatt beweglich sein müsste, um den Tiefgangsvorteil nicht wieder zu verspielen.

Unter Segeln machen sich Doppelruder vor allem durch eine starke Gefühllosigkeit beim Rudergehen bemerkbar. In erster Linie liegt dies an den zahlreichen Umlenkungen und Lagerungen, die zusätzlich notwendig sind: Zum einen müssen zwei Ruderschäfte statt einem gelagert werden, und auch der mittig angeordnete Quadrant oder die Pinne benötigen eine zusätzliche Lagerung. Von hier gehen zwei Paar Seile oder zwei Gestänge auf die Ruderschäfte. All dies muss extra bewegt werden.

Unter Maschine kommen weitere Probleme hinzu, da der Schraubenstrom die Ruderblätter nicht direkt anströmt und das Schiff bei Vorausfahrt erst auf das Ruder reagiert, wenn das Schiff in Fahrt ist. Das macht sich besonders bei Manövern in engen Häfen bemerkbar. Aber auch bei Rückwärtsfahrt setzt die Ruderwirkung durch die zwei kleineren Ruder deutlich später ein. Auch flache Gewässer haben es in sich: Bei Krängung ist das leewärtige Ruder häufig der tiefste Punkt unter Wasser und wird nicht durch den Kiel geschützt. Jede Grundberührung muss so ungefiltert von diesem Ruder abgefangen werden. Geht mit den Doppelrudern also keine spürbare Tiefgangsverringerung einher, kann meist darauf verzichtet werden.

Pinne, Rad und EVS

Entscheidend bei der Wahl des Steuersystems sind neben der Schiffsgröße das Layout der Yacht sowie die persönlichen Vorlieben. Denn auch wenn Regattasegler selbst bei relativ großen Yachten darauf schwören: Für Fahrtensegler muss zum Beispiel eine Pinnensteuerung nicht unbedingt das Richtige sein. Die Pinne findet man daher hauptsächlich bei kleineren Booten bis ungefähr 32 Fuß mit Achtercockpit, darüber fangen bei Großserienyachten üblicherweise Seilzugsteueranlagen mit einem Ruderrad im Cockpit an. Schließlich nehmen bei größeren Schiffen auch die Ruderkräfte zu. Dafür müsste jeweils die Pinne länger werden, womit sie das Cockpit vollständig dominieren würde. Gera-

Die Ruderanlage

Bei kleineren Schiffen dominiert die Pinnensteuerung. Foto: Kirie

Eine typische Seilzugsteuerung für Achtercockpits: Die Seile laufen achtern auf den Ruderquadranten. Zeichnung: Whitlock/Sailtec

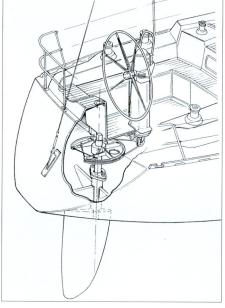

de auf langen Strecken ist das Steuern mit der Pinne auf Dauer recht unbequem und einseitig, denn im Gegensatz zum Ruderrad kann die Steuerposition fast nicht variiert werden. Meist sitzt man in Luv und zieht, bei einer leichten Luvgierigkeit, die Pinne permanent zu sich heran. Auch das Sitzen quer zur Fahrtrichtung empfinden gerade Langfahrtsegler auf Dauer körperlich als beschwerlich, da der Kopf immer 90 Grad in Fahrtrichtung gedreht sein muss.

Die Rückmeldung vom Ruder ist bei einer

Pinne, Rad und EVS

Seilzugsteuerung wie bei der Pinne sehr direkt, lediglich der Kraftaufwand ist je nach Größe des Rades wesentlich geringer. Die Anzahl der Drehungen von Anschlag zu Anschlag ist unterschiedlich und liegt bei etwa zwei Umdrehungen.

An der Achse des Rades ist ein Zahnkranz befestigt, über den eine Kette durch die Säule unter den Cockpitboden läuft. Die Kette wird wiederum durch Klammern mit einem Drahtseil verbunden, welches über Umlenkrollen unter dem Cockpitboden entlang nach achtern führt. Die Drehbewegungen des Rades werden so auf einen Ruderquadranten übertragen, der auf dem Ruderschaft montiert ist. Alle Verbindungen werden mit Drahtklemmen (so genannte Bullclips) mehr oder minder kräftig hergestellt. Damit sind diese Bullclips zugleich Fehlerquelle Nummer eins bei Seilzuganlagen. Die Klemmen lösen sich gerne einmal oder verrutschen auf dem Drahtseil und sollten also häufiger untersucht werden. Auch die Umlenkrollen brauchen regelmäßig Fett und Pflege, um nicht übermäßig zu verschleißen. Bei vielen modernen Yachten verlaufen die Drahtseile ungeschützt durch die Backskisten. Beim Stauen muss deshalb darauf geachtet werden, dass Fender und Schrubber auf See nicht die Steuerung blockieren.

Problematisch kann bei kleineren Yachten der Platz in der Achterkabine werden. Durch den Plichtboden ist der Platz unter Deck sowieso schon eingeschränkt; steht dann im achteren Drittel der Koje auch noch die Steuersäule nebst Umlenkungen und Drähten im Cockpit, kann der Platz selbst für die Füße kleiner Segler knapp werden. Beim Kauf sollte man unbedingt einmal probeliegen, ob hier der Platz durch die Steuerung zu sehr einge-

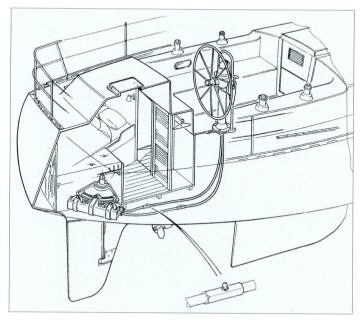

Bei Mittelcockpits müssen Bowdenzüge her, um die Seile unter die achtere Koje zu leiten. Zeichnung: Whitlock/Sailtec

81

Die Ruderanlage

schränkt wird und ob man vielleicht lieber die Platz sparende Pinne wählt.
Anstelle der über Rollen gespannten Drahtseile verwenden einige Hersteller Bowdenzüge, die die Bewegung des Steuerrades auf das Ruder übertragen. Bowdenzüge haben den Vorteil, flexibler zu sein und so problemloser verlegt werden zu können. Die Wartung beansprucht jedoch mindestens so viel Aufmerksamkeit wie eine Seilzugsteuerung. Wie bei den meisten Radsteuerungen entscheiden die Übersetzung und die Radgröße über die benötigte Steuerkraft. Die Rückmeldung zum Ruder ist immer noch gut, jedoch durch die größere Reibung in den Zügen schon eingeschränkt.
Je größer das Schiff wird und je weiter das Ruderrad vom Ruderschaft entfernt ist, desto mehr spricht für eine hydraulische Steueranlage. Weil die Hydraulikleitungen unter Deck problemlos an allen Hindernissen vorbeigeführt werden können, lassen sich die Ruderstände an jedem beliebigen Punkt des Schiffes montieren, wo mit Seilzug- oder Bowdenzugsteuerungen gewaltige Reibungswiderstände erzeugt würden. Auch sind mehrere Ruderstände, zum Beispiel im Cockpit und im Deckshaus, problemlos parallel anzuschließen.
Eine Pumpe direkt hinter dem Ruderrad presst mit der Drehung des Rades Öl durch die Hydraulikleitung nach achtern zu einem Nehmerzylinder, der an einer kurzen Stahlpinne am Ruderschaft angebracht ist. Je nachdem, in welche Richtung gesteuert wird, schiebt oder zieht der Zylinder und überträgt die Drehung des Rades auf das Ruder. Der Vorteil dieser Steueranlage liegt in dem minimalen Kraftaufwand beim Steuern, was jedoch wieder auf Kosten des Rudergefühls geht. Eine Rückmeldung vom Ruder kommt am Steuerrad nahezu nicht mehr an. Auch für den Service ist diese Anlage am problematischsten, da sich für den Laien mit dem bloßen Auge Fehler außer eventuell austretendem Öl weder lokalisieren noch reparieren lassen.
Premium-Hersteller wie Hallberg Rassy oder Jongert vertrauen daher bei großen Yachten auf mechanische Getriebe, die mit Kardanwellen und Schubstangen miteinander verbunden werden. Diese sehr teure Lösung ermöglicht zum Beispiel im Cockpit zwei Steuerstände, ohne dass die Rückmeldung vom Ruder zum Rad auf dem Weg komplett verloren geht.

Nur bei Flaute ist eine Notpinne ohne Taljen zu bedienen. Foto: Reissig

Pinne, Rad und EVS

Bei allen Radsteueranlagen gehört eine Notpinne zwingend an Bord. Leider ist mit diesen Stahlbügeln, die sich im Notfall direkt auf den Ruderschaft stecken lassen, das Rudergehen fast unmöglich. Die Notpinnen sind im Allgemeinen zu schwer, die Passungen auf den Ruderschäften schlecht und die Hebel aus Platz- und Gewichtsgründen zu kurz. Häufig ist selbst bei leichten Winden und mäßigem Seegang das Steuern nur mithilfe mehrerer Taljen möglich, manchmal schaut die Notpinne gar nach achtern, da vorn kein Platz vorgesehen ist. Bei älteren Mittelcockpitschiffen musste im Notfall sogar ohne Sicht aus der Achterkabine gesteuert werden. Diese Anordnung ist im Rahmen der CE jedoch nicht mehr zulässig.

Andere Steuersysteme sind auf Serienyachten heute eher eine Ausnahme. Die amerikanische Island Packet-Werft schwört bei ihren Schiffen zum Beispiel nach wie vor auf die rustikale und nahezu unzerstörbare Zahnradsteuerung. Dabei sitzt der Rudergänger rittlings hinter dem Ruderrad über der waagerechten Steuerachse. Diese leitet die Drehungen über Kegelräder direkt auf den Ruderschaft um.

Auch bei dem von der belgischen Etap-Werft ins Leben gerufenen Etap-Vertikal-Steuersystem (EVS) ist die Sitzposition sehr gewöhnungsbedürftig. Der Steuermann sitzt auf einer Minibank im Heckkorb und lenkt über eine senkrechte Pinne zwischen seinen Beinen das Schiff. Die Idee ist dabei, dass die Pinne

Etap schwört bei seinem EVS auf eine senkrechte Pinne, die in die zu lenkende Richtung geschwenkt wird. Foto: Etap

Die Ruderanlage

entgegen der normalen Pinnensteuerung in die Richtung gelegt werden kann, in die auch gefahren werden soll – eine Umlenkung mit Kegelrädern macht´s möglich. Die von Etap patentierte Vorrichtung soll damit die Vorteile einer Radsteuerung mit denen einer Pinne kombinieren.

Tatsächlich ist das Fahren mit dieser Anordnung schnell zu lernen und nach einiger Übung auch einfach umzusetzen, da sich das Schiff auch mit einem Pinnenausleger aus Luv fahren lässt. Derzeit setzt sich jedoch das EVS noch nicht in großem Stil durch.

RUDERPOSITION

weit achtern
+ gut für Langfahrt
+ kursstabil
+ geringere Ausschläge nötig

– hohe Lagerkräfte

weit vorn
+ geringe Lagerkräfte
+ schnelle Manöver

– sensibles Steuerverhalten

RUDERARTEN

Skeg
+ gut geschützt
+ dreifache Lagerung
+ wenig Schaftbiegung
+ weniger Lagerkräfte

– hydrodynamisch schlecht wirksam

frei stehend
+ gute Vorbalancierung möglich
+ hydrodynamisch besser wirksam
+ einfacher zu produzieren

– anfällig bei Kollision
– Schaftbiegung
– hohe Lagerkräfte

Doppelruder
+ geringerer Tiefgang

+ bei konsequenter Anordnung besser wirksam

– hohe Reibungsverluste
– keine Anströmung vom Propeller
– anfällig beim Auflaufen

STEUERARTEN

Pinne
+ wenig Mechanik
+ gute Rückmeldung

– nur für kleine Cockpits
– nur bis zu einer bestimmten Schiffsgröße
– durchgehender Ruderschaft
– einseitige Steuerposition

Seilzugsteuerung
+ kurzer Ruderschaft möglich
+ variable Steuerpositionen
+ gute Rückmeldung

– zusätzliche Mechanik
– Einschränkung unter Deck

Hydraulik
+ mehrere Steuerstände möglich
+ große Kräfte möglich
+ große Distanzen möglich

– schwierige Fehlererkennung
– keine Rückmeldung

13. Deck und Cockpit

Im Kunststoff-Yachtbau wird zumeist nach dem Innenausbau das Deck aufgesetzt – die Hochzeit, wie die Bootsbauer es nennen. Im Gegensatz zu Stahl, Aluminium oder Holz gibt eine geschraubte oder geklebte Rumpf-Deck-Verbindung bei GfK-Schiffen die Möglichkeit, die gesamte Inneneinrichtung nebst Motor, Tanks und Technik en bloc in den Rumpf einzubauen, bevor das Deck auf den Rumpf kommt. Das Deck ist dabei eine eigentlich völlig unzureichende Bezeichnung: Schließlich handelt es sich um die Laufdecks, den Kajütaufbau, der für den nötigen Raum unter Deck sorgt, und das Cockpit.

Diese vereinfachte Bauweise macht es für Großserienwerften heute möglich, auf einem Rumpf mehrere Deckslayouts anzubieten. Während unter Wasser alles gleich bleibt, kann der Kunde dann zwischen Achter- oder Mittelcockpit wählen. Dadurch ändert sich das Schiff radikal, der Charakter wird vollständig verändert und auch der Innenausbau bekommt eine komplett andere Note. Traditionellere Werften wie zum Beispiel Hallberg Rassy, Sunbeam oder Najad verzichten auf diese Varianten in der Bauweise schon deswegen, weil ihr Kundenkreis klar umrissen ist und der Rumpf nicht als Charter- und Eignerschiff gleichermaßen herhalten muss.

Achtercockpit

Klassischerweise reichte ein Achtercockpit recht weit in das Schiff hinein, war eher klein, damit überkommendes Wasser nicht zu viel Raum fand und bot der Crew gerade genug Platz zum Arbeiten. Unter den Cockpitduchten blieb in den frühen Tagen der Yachtsegelei Platz für die Backskisten, die die nötige Ausrüstung aufnahmen, und vielleicht eine kleine Hundekoje zum Hineinschlüpfen.

Heutige Achtercockpityachten haben damit nicht mehr allzu viel zu tun. Die Cockpits sind Lebensraum geworden, sozusagen die Terrasse des Schiffes. Sie sollen zum Frühstücken, Feiern oder in der Sonne liegen taugen und eben auch zum Segeln. Der Freizeitwert steht aber bei den Volumenwerften an erster Stelle und das mit gutem Grund: Schließlich ist das Cockpit das Erste, was der potenzielle Käufer zu sehen bekommt, hier entscheidet er schon auf der Messe, ob das Schiff seinen Ansprüchen genügt oder nicht. Dass das Schiff einige Monate später mit Lage über die Ostsee oder das Mittelmeer segeln soll, wird in diesem Moment gern vergessen. Dann kommt es jedoch darauf an, dass alles ergonomisch auch wirklich zusammenpasst und funktioniert.

Generell gibt es im Cockpit zwei Möglichkeiten zu sitzen: Entweder auf den Bänken mit den Beinen in der Cockpitwanne oder auf dem Süll mit dem Relingsdraht im Rücken. Letzteres hat seinen Ursprung vor allem in der Regattasegelei, wo es wichtig ist, so viel Crewgewicht wie möglich auf die Luvseite zu bekommen. Je nach Schiffsgröße gibt diese Variante dann das Layout für das ganze Achterschiff vor, denn die Sülls dürfen zum Sitzen nur einen bestimmten Abstand zum Seezaun haben – je größer und breiter dann das Schiff wird, desto breiter wird auch das Cockpit. Sind die Bänke aber nicht in erster Linie auf langes Sitzen ausgelegt, fallen sie zugunsten einer größeren Achterkajüte häufig sehr flach

Deck und Cockpit

*Gerade zum Tourensegeln ist ein kleines Cockpit mit geringem Bankabstand häufig besser als ein großes.
Foto: Reissig*

*Damit riesige Achtercockpits auch bei Lage zu nutzen sind, werden sie mit festen Tischen unterteilt.
Foto: Reissig*

aus; Der Cockpitboden wird angehoben und die Kopffreiheit im Achterschiff wird größer. Zum Tourensegeln mit kleiner Crew oder auf langen Strecken ist dies aber eventuell eine sehr ermüdende Art zu reisen, vor allem bei Nachttörns, wo man sich mehr nach dem Schutz und der Geborgenheit eines tiefen Cockpits sehnt. Idealerweise beträgt die Bankhöhe dann etwa 40 Zentimeter, der Bankabstand 80 – 90 Zentimeter, damit man sich noch gut in Lee abstützen kann. Gerade bei Schiffen unter 33 Fuß ist das aber ohne starke Einbußen unter Deck kaum zu machen, die Doppelkoje unter dem Cockpitboden verkommt zu einer Einzelkoje mit Ablage für die Segeltaschen daneben.

Mittelcockpit

Werften, die ihre Schiffe zum Fahrtensegeln entwerfen, lassen auch bei größeren Yachten die Cockpitvolumen daher nicht ins Uferlose mitwachsen. Bis zirka 33 Fuß ist bei den meisten Schiffen ein Cockpit zum Oben- und Untensitzen problemlos möglich und schon zwischen 33 und 40 Fuß muss sich der Konstrukteur normalerweise zwischen beiden Varianten entscheiden; das Heck wird zu breit. Fahrtenschiffe verfügen ab dieser Größe über hohe Sülls, die der Linie des Aufbaus folgen und hinter denen die Crew geschützt sitzen kann.

Breite und offene Cockpits sind aber deswegen bei weitem nicht nur Regattayachten vorbehalten, auch auf Yachten, die beispielsweise im Chartereinsatz laufen, sind breite Achtercockpits selbst weit über 40 oder 45 Fuß hinaus zwar beliebt, aber nur mit Kunstgriffen gut auf See nutzbar. Je nach Schiffsgröße müssen hier schließlich acht, zehn oder mehr Mitsegler Platz finden; und gerade in südlichen Regionen ersetzt das Cockpit den Salon. Um den Platz perfekt zu nutzen, wird häufig ein massiver Cockpittisch fest im Cockpit montiert. In ihm finden Eiswürfel und Getränke Platz, manchmal sogar der Kompass – und der Tisch unterteilt das große Cockpit quasi wieder in zwei kleinere. Das leewärtige Abstützen bei Lage erfolgt dann am Tisch.

Mittelcockpit

Das Mittelcockpit ist per Definition meist kleiner als ein Achtercockpit bei einem Schiff gleicher Größe, denn unter einem der Sülls verläuft der Verbindungsgang zwischen Salon und Achterkajüte, in dem eine Mindest-Stehhöhe von 1,80 Metern sowie eine ausreichende Breite zum Gehen herrschen sollte. Häufig befindet sich in diesem Durchgang die Pantry des Schiffes. Um den Platz sinnvoll auszunutzen, darf daher auch die Cockpitbank an dieser Seite der Yacht nicht beliebig

Ein Mittelcockpit lässt die Besatzung immer ein wenig »auf« dem Schiff sitzen. Foto: Reissig

Deck und Cockpit

weit in den Innenraum reichen. Diese Anforderungen bestimmen die gesamte Höhe des Cockpits im Schiff und führen dazu, dass die Crew immer ein wenig »auf« dem Schiff sitzt. Damit verbunden ist eine steilere und längere Niedergangstreppe und eine größere Abkopplung von den Geschehnissen unter Deck.

Je größer die Yacht ist, desto weniger fällt der Umstand der Höhe im Vergleich zur Länge auf. Ein großes Schiff setzt zudem weicher in die Welle ein und rollt langsamer von einer Seite zur anderen, die Beschleunigungen, die auf diesem erhabeneren Platz an Deck stattfinden, sind geringer, und selbst ein Achtercockpit wird sich nahezu auf dieser Höhe befinden, damit die Crew das Deck überblicken kann. Um die Bewegungen im Cockpit in Grenzen zu halten und damit die Proportionen und ergonomisch sinnvolle Sitzplätze zu erhalten, ist für ein Mittelcockpitschiff eine Länge von 36 Fuß das absolute Minimum; darunter wird das Cockpit zu einem Provisorium. Aber selbst in diesem Grenzbereich sollte man beim Kauf darauf achten, ob die Sitz- und Süllhöhen wirklich bequem sind oder zugunsten der Optik zu weit reduziert wurden. Häufig werden die Kajütaufbauten noch einmal um einige Zentimeter aufgestockt, um die nötige Sitztiefe zu erreichen.

Ist das Schiff auch in einer Achtercockpitversion erhältlich, bietet sich eventuell eine Probefahrt mit beiden Versionen an. Ein flacher, schneller, aber härter einsetzender Rumpf kann bei einem Achtercockpit vielleicht noch in Ordnung sein. Die ruckhaften Bewegungen, die den Körper ein Stück weiter oben im Mittelcockpit stärker beschleunigen, können jedoch die Segelei an die Grenze des Erträglichen rücken.

Scheiben und Sprayhoods

Als sehr positiv wird bei Mittelcockpits häufig der Abstand zum Heckspiegel und zu den Deckskanten empfunden. Schließlich befindet sich das Cockpit nahezu an der breitesten Stelle des Schiffes und auch vom Kielwasser ist man mindestens um die Länge der Achterkabine entfernt. Um das gleiche Maß wandert die Sitzposition jedoch nach vorn, und gerade bei kleineren Mittelcockpitschiffen hat man das Gefühl, nur noch sehr wenig Schiff schützend vor sich zu haben.

Zudem befindet sich keine Erhöhung in Form des Kajütaufbaus vor dem Cockpit und die geringere Nähe zu Mast und Bug bedingen

Häufig wird der Wille, das Cockpit zu verlassen, durch eine feste Scheibe etwas gebremst.
Foto: Reissig

mehr Wind und Gischt für die Crew. Die meisten Hersteller von Mittelcockpitschiffen montieren daher serienmäßig feste Windschutzscheiben vor dem Niedergang.
Bei Achtercockpits ist derartiger Schutz durch die achterlichere Position meist nicht nötig, trotzdem bieten traditionell Werften wie Malö, Najad oder Rassy auch ihre kleineren Schiffe mit Scheiben an. Im Gegensatz zu einer Sprayhood, die sich bei achterlichem oder leichtem Wind flach auf dem Kajütdach zusammenlegen lässt, fühlt man sich hinter einer Scheibe trotz des unbestritten besseren Schutzes immer ein wenig eingesperrt und vom Vorschiff getrennt. Der Wille, das Cockpit zu verlassen, um beispielsweise ein Reff einzubinden, wird dadurch ein wenig gebremst, während man ein nicht abgetrenntes Vorschiff eher als »dazugehörig« ansieht. Ob und wie man darauf reagiert, erfährt man am besten während der Probefahrt bei kräftigem Wind, wenn man das Cockpit einmal grundlos verlässt und sich aufs Vorschiff begibt.

Handläufe

Scheiben und Sprayhoods gemein ist der konstruktiv bedingt weiter achtern liegende Ausstieg aus dem Cockpit. Häufig genug ist aber der nächste Handlauf über zwei Meter entfernt auf dem Kajütdach montiert. An den Scheibenrahmen, an den Sprayhoodbügeln und achtern an den Aufbauten sollten daher unbedingt kräftige und gut erreichbare Handläufe montiert sein, wie das zum Beispiel auf der Etap 39 oder bei Hallberg Rassy der Fall ist.
Andere Werften gehen mit diesem sicherheitsrelevanten Ausrüstungsteil häufig erstaunlich lax um, was jedoch auch an der mangelnden Nachfrage durch die Käufer liegt. So kann es passieren, dass bei einem 47-Fuß-Schiff lediglich ein Handlauf von 1,5 Meter Länge für zehn Meter Strecke zwischen Cockpit und Bugkorb vorgesehen ist. Eigentlich darf heutzutage bei keinem Schiff der nächste Handgriff nur durch einen Sprung zu erreichen sein. Manchmal hat man den Eindruck, als würden die Konstrukteure vergessen, dass auch weniger sportliche Menschen als 30-jährige Regattasegler sich an Bord sicher bewegen müssen.
Wichtig sind Material und Form der Griffe. Ideal sind geschweißte Nirobügel, die mit massiven Gewindeschrauben durchs Deck gebolzt werden. Sie sind sowohl gut zu fassen, wie auch wenig verletzungsträchtig, (beispielsweise durch Holzsplitter). Zudem eignen sie sich gut für den Lifebelt, wenn man auf dem Weg nach vorn nach einem Punkt zum Einpicken sucht. Beliebt sind

Handläufe müssen kräftig und gut zu umfassen sein. Foto: Reissig

Deck und Cockpit

Handläufe aus Teak, die als komplettes Anbauteil aufs Deck geschraubt werden, oder Teakstäbe, die auf Ausbuchtungen in der Decksform verschraubt sind. Teak ist hier nicht gleich Teak: Das verwendete Holz muss unbedingt eine möglichst senkrecht laufende Struktur aufweisen, damit die nötige Stabilität und Verletzungssicherheit gegeben ist. Je flacher die Jahresringe geschnitten sind, desto billiger war das Holz und desto eher kann es durch einen Tritt brechen oder splittern.

Die Nachrüstung von weiteren Handläufen sollte immer der Werft schon während der Bauzeit überlassen werden, denn vermutlich ist kaum ein Laie in der Lage, die werftseitig montierten Deckenverkleidungen unbeschadet ab- und wieder anzubauen.

Steuerposition

Wer glaubt, jedes Schiff könne mit Pinne oder wahlweise mit einem Ruderrad ausgestattet werden, der irrt. Für die Pinne darf ein bestimmter Abstand zwischen den Cockpitbänken nicht überschritten werden, sonst erreicht man sie schlicht nicht mehr. Natürlich werden die meisten Pinnenschiffe auch mit einem Ausleger geliefert, der den Arm um gut einen Meter verlängern kann, aber nur bei Regattayachten ist ein ausschließliches Steuern mit dem Ausleger üblich. Zudem ist eine Pinne nur in ein Schiff mit Achtercockpit einzubauen – bei einem Mittelcockpit-Layout würde der senkrechte Schaft der Pinne mehrere Meter vor dem eigentlichen Ruderschaft ins Schiff ragen und müsste umständlich nach achtern umgeleitet werden. Damit sind klassische Schiffe mit Pinnensteuerung kleine bis gut 30 Fuß oder solche mit einem kleinen Cockpit, das sich in jedem Fall jedoch achtern befinden muss.

Soll der Durchgang nach achtern frei bleiben, darf das Steuerrad nicht zu groß ausfallen. Foto: Reissig

Ab 30 Fuß kann wahlweise ein Ruderrad eingebaut werden, darunter ist es eigentlich nicht sinnvoll. Bei Mittelcockpits ist ein Ruderrad aus den oben beschriebenen Gründen ein Muss. Dessen Größe richtet sich neben dem Abstand der Bänke stark nach dem Einsatzzweck der Yacht. Generell ist jedes Schiff mit einem großen Ruderrad besser zu steuern als mit einem kleinen. Der wirksame Hebel zum Lenken ist bei großen Rädern länger, die Kraft zum Steuern wird geringer und Kurskorrekturen lassen sich über einen größeren Radius feinfühliger vornehmen als über einen kleinen. Wer den Umgang mit Rädern und Radien nicht gewöhnt ist, der kann sich zum Vergleich zwischen Pinne und Ruderrad die

Steuerposition

Große Achtercockpits verfügen häufig über zwei Steuerstände. Foto: Reissig

Speichen des Rades als Pinne vorstellen: Je länger die Speiche, desto einfacher ist wie bei einer langen Pinne das Rudergehen, auch wenn der benötigte Weg zunimmt.
Regattaschiffe verfügen daher zumeist über sehr lange Pinnen, die das halbe Cockpit einnehmen, oder riesige Ruderräder, die nicht selten einen Durchmesser von über zwei Metern haben und tief in den Cockpitboden einschneiden. Das eine wie das andere ist bei einer Fahrtenyacht, die auch zum Bewohnen geeignet sein soll, eher schwierig unterzubringen. Pinnen sind daher bei Serienschiffen selten über einen Meter lang. Gleichzeitig beschränkt heute die Kraft, die mit diesem Hebel aufgebracht werden kann, zumeist die Bootsgröße für die Pinne.
Ab 33 Fuß werden üblicherweise Ruderräder montiert, die über Seile, Schubstangen oder Hydraulik die Kraft zum Ruder umleiten (siehe auch Ruderanlagen). Bei schmalen Cockpits sollte es auch bei Lage leicht von beiden Bänken aus zu erreichen sein. Wird das Ruderrad bei einem breiten Cockpit eher klein gewählt, ist im Sitzen von der Seite nicht mehr zu steuern. Der Rudergänger braucht dann einen sicheren Platz hinter dem Rad, von dem aus sich das Schiff auch bei Lage sicher lenken lässt. Idealerweise ist diese Bank stark konkav oder konvex gewölbt, damit bei jeder Krängung ein waagerechter Platz zur Verfügung steht. Eine leichte Wölbung, wie sie von einigen Werften sozusagen als Alibi angeboten wird, hilft hier kaum: Bei 15 Grad Lage muss auch die Sitzfläche mindestens 15 Grad angeschrägt sein; holt das Schiff in

Deck und Cockpit

Böen über, eher sogar ein wenig mehr, sonst rutscht man unweigerlich vom Sitz. Auch ein in den Ecken stark abgeschrägter Boden im achteren Cockpitbereich ist hilfreich, wenn im Stehen ein sicherer Platz gesucht wird. Positiv ist bei kleineren Rädern der einigermaßen frei bleibende Durchgang zum Achterschiff, was vor allem bei Schiffen mit Badeplattform wichtig ist. Bei noch größeren Cockpits, wie sie teilweise auf Charterschiffen über gut 45 Fuß zu finden sind, werden häufig gleich zwei Ruderräder und zwei Steuerstände montiert. Der Durchgang nach achtern bleibt somit frei und der Rudergänger hat einen Platz weit in Luv. Aus Rationalitätsgründen ist hier jedoch häufig nur einer der beiden Steuerstände komplett mit Echolot, Logge, Motorbedienung und Kompass bestückt, der andere ist eher spartanisch ausgestattet.

Nachteilig wirkt sich dies auf langen Kursen aus, wo nach Instrumenten gesteuert werden muss. Auch das Anlegen kann schwieriger werden, wenn sich der Steuermann nur auf einer Seite des Schiffes aufhalten kann, um das Echolot zu kontrollieren und Gashebel zu bedienen.

Plätze zum Arbeiten

Neben einem bequemen Platz, auf dem man sich auch gut abstützen und steuern kann, ist die leichte Bedienbarkeit des Schiffes wichtig. Dazu gehören eine gute Erreichbarkeit der Genuawinschen auch bei Lage oder Fallwinschen, bei denen sich mühelos Kraft auf die Kurbel bringen lässt. Mit seinem Partner oder der Crew müssen schon beim Kauf die Anforderungen an das Layout des Cockpits festgelegt werden. Denn soll der Steuermann das Schiff auch einmal über einige Zeit alleine beherrschen, müssen Genuawinschen und

Die Winschen müssen so montiert sein, dass sich immer die maximale Kraft einsetzen lässt.
Foto: Reissig

die Großschot so in seiner Nähe sein, dass er sie bedienen kann, ohne das Ruder loszulassen. Diesem Anspruch werden vor allem Schiffe mit Mittelcockpit häufig gerecht, da die Großschot meist sowieso direkt hinter dem Rudergänger endet, während bei Achtercockpitschiffen die Großschot häufig auf dem Kajütdach gefahren wird und auch die Genuawinschen auf den Süllls für den Rudergänger nahezu unerreichbar sind. Keine Chance zum Einhandsegeln ohne Autopilot gibt es, wenn auf Extra-Genuawinschen verzichtet wird und die Schoten mit auf den Fallwinschen am Niedergang enden.

Aber auch beim Segeln mit Crew kann das Arbeiten an den Winschen bei falscher An-

92

ordnung seine Tücken haben. Um optimal Kraft auf die Kurbeln zu bekommen, muss man immer so dicht wie möglich an die Winschen heran und zudem einen sehr festen Stand haben. Befindet sich dann die Genuawinsch bei Lage weit in Lee und außen auf einem breiten Süll, wird man das Nachtrimmen gewiss gerne einmal sein lassen. Das Gleiche gilt für die Fallwinschen: Nur wenn sie so nah am Niedergang montiert sind, dass man sich im Stehen fast darüber beugen kann, kann man die Kraft optimal einsetzen. Im Knien auf der Cockpitbank oder ohne eine volle mögliche Kurbelumdrehung unter der Sprayhood ist das Segelsetzen oder -trimmen eine unnötige Qual.

Sollten Sie bei den ersten Probefahrten schon die Kurbel dem Verkäufer überlassen müssen, weil die Winschen für Sie einfach außer Reichweite sind oder keine Kraft aufzubringen ist – glauben Sie nicht, dass das später besser wird. Man wird sich zwar damit arrangieren, aber es bleibt mindestens ein permanentes Ärgernis.

Decksbeläge

Beim Bewegen an Deck ist dessen Rutschfestigkeit das Wichtigste. Zumeist verfügen Serienyachten als absolute Standardversion über eine in die Decksform eingearbeitete Oberflächenstruktur, die auch bei Nässe das Rutschen an Deck verhindern soll. Diese Struktur ist in der Negativform des Decks vorgesehen und ergibt sich schon beim Laminieren. Gelcoat ist jedoch von Haus aus glatt, und um das Ölzeug nicht zu zerstören oder die Hände beim Arbeiten nicht kaputtzumachen darf es nicht zu scharfkantig sein, auch wenn die Rutschfestigkeit dann wieder darunter leidet. Damit ist die Strukturierung immer ein Kompromiss und die günstigste Lösung in der Herstellung. Alle anderen Lösungen erfordern zusätzliche Arbeitsgänge und sind somit teurer.

Dehler oder Etap verwenden zum Beispiel so genannten TBS-Decksbelag, der aus einer weichen, extrem rutschfesten Gummimasse besteht, die in Aushöhlungen der Decksform eingeklebt wird. Rutschfeste Anstriche werden dagegen heute nur noch bei Stahl- oder Aluminiumschiffen verwendet, die weder eine Struktur haben können, noch einen anderen Belag bekommen sollen. Der Klassiker unter den Decksbelägen ist jedoch das sagenumwobene Teakdeck, das bei einer Yacht so viel bedeutet wie Breitreifen, Sportlenkrad oder Metallic-Lack beim Auto. Mit mehreren tausend Euro Aufpreis ist es eines der teuersten Dinge in der Aufpreisliste jeden Herstellers, denn nur die wenigsten verlegen es serienmäßig.

Die Unterschiede in der Ausführung sind

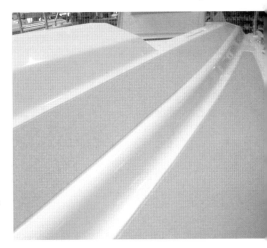

Statt GfK-Decks schwören Etap und Dehler auf den extrem rutschfesten TBS-Belag.
Foto: Dehler Deutschland

Deck und Cockpit

Der Klassiker unter den Decksbelägen: das Teakdeck. Foto: Reissig

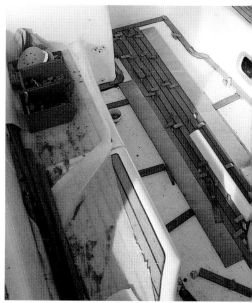

Wird das Teakdeck traditionell verlegt, sind die Extra-Kosten sehr hoch. Foto: Reissig

eklatant, denn als tragendes Element, als Deck, hat Teak schon seit Jahrzehnten ausgedient; heute beschränkt sich die Funktion auf reine Optik und Rutschfestigkeit. Die aufwändigste und teuerste Methode ist das Verlegen eines Teakstabdecks, bei der Leiste um Leiste einzeln angepasst und mit Niro-Schrauben auf dem Deck befestigt wird. Für jede Schraube muss dafür ein Loch ins Sandwichdeck gebohrt werden. Extrem-Weltumsegler Wilfried Erdmann zählte einmal bei einer Hallberg Rassy 36 nach: Nicht weniger als 1932 Schrauben wurden bei der schwedischen Yacht in Deck und Cockpit geschraubt! Sicherlich ist das eine handwerklich tolle Arbeit, Kritiker sehen darin jedoch auch den größten Schwachpunkt – jede Schraube könnte ein potenzielles Leck sein.

Andere Großserienhersteller hingegen kleben ihre Teakdecks aus massiven, vorgefertigten Stäben mit dauerelastischer Dichtungsmasse auf das Schiff, eine Methode, wie sie beispielsweise beim Bau von Kreuzfahrtschiffen ebenfalls Usus ist. Günstige Werften lassen ihre Teakdecks sogar häufig von Zulieferbetrieben einfach fix und fertig vormontieren und kleben sie als große Fläche oder unterteilt aufs Schiff. Der eigentliche Teakbelag verkommt dabei zu einer Furnierschicht, die nicht selten bloß einige Millimeter stark und von unten mit einer einfachen Sperrholzplatte verstärkt ist.

Um günstig zu fertigen, wird dabei der Teakstamm oft bis in die letzte Faser ausgenutzt. Was aus ökologischen Gründen sinnvoll klingt, ist für das Deck aber eigentlich nicht geeignet. Die Jahresringe des Holzes müssen bei Teak möglichst senkrecht zum Deck stehen, damit das Teak auch wirklich über Jahre hält. Wird das Holz zu flach aufgeschnitten, wäscht es übermäßig schnell aus und splittert oder wird sehr uneben. Das Deck ist dann nur über sehr kurze Zeit sein Geld wirklich wert. Diese »falsche« Holzbearbeitung lässt sich schon auf der Messe leicht entlarven, wenn Sie sich die Mühe machen, auf den Knien die einzelnen Teakstäbe miteinander zu vergleichen. Haben sie eine gleichmäßige, sehr feine Struktur, ist das Holz gut ausgesucht. Unterscheiden sich die Stäbe jedoch in der Struktur stark voneinander und weisen flächige Schnitte durch die Jahresringe auf, wurde billiges Teak verwendet.

Der Komfort an Bord und auch der Wiederverkaufswert des Schiffes steigen durch das Teak enorm, aber neben dem hohen Preis, der nicht selten zehn Prozent des gesamten Schiffspreises ausmacht, können noch einmal einige hundert Kilogramm Gewicht an Deck dazukommen, die die Segeleigenschaften beeinflussen. Ob man das Teak ökologisch vertreten kann, muss jeder selbst entscheiden. Ein hochwertiges Teakdeck ist jedenfalls ziemlich sicher nicht aus schnell wachsendem Plantagenholz gemacht.

Stauraum

Solange das Schiff neu ist, wird der Faktor Stauraum an Deck gern vernachlässigt. Beim ersten Einstauen werden ja auch meist Dinge fürs allgemeine Bordleben mitgebracht, die zusätzliche Ausrüstung kommt erst später. Die Platzverhältnisse unter Deck und der Stauraum an Deck sind in der Praxis nicht zu trennen: Je größer die Backskisten, desto kleiner die Achterkabinen. Schiffe werden jedoch meist ohne viele Extras geliefert, der Stauraum ist also leer und macht einen entsprechend großzügigen Eindruck. Kein Wunder, denn die Rollfock ist schon am Stag, das Großsegel ruht unter der Baumpersenning, die Fender hängen außenbords und der nagelneue Spinnaker liegt ordentlich verpackt flach wie eine Sperrholzplatte auf dem Backskistenboden.

Interessant wird die Geschichte, wenn alles das erste Mal komplett weggestaut werden soll und eine zusätzliche Fock für kräftigen Wind dazugekauft wurde: Dann sind die Backskisten binnen kurzem voll und zusätzliche Dinge wie das Beiboot, Paddel, Sonnensegel oder klappbare Fahrräder blockieren eine der Achterkabinen. Schon vor dem Kauf sollte man sich über die Menge der Ausrüstung und den Platz, wo sie gestaut werden soll, intensiv Gedanken machen. Eventuell muss dann schon auf eine der Achterkabinen für Gäste verzichtet werden, die stattdessen als großer Stauraum genutzt wird. Deshalb ist es sinnvoll, wenn man den zur Verfügung stehenden Raum mit dem Maßband einmal

Ist die Maserung im Holz sehr unterschiedlich, verschleißt das Teak schneller als normal. Foto: Reissig

Deck und Cockpit

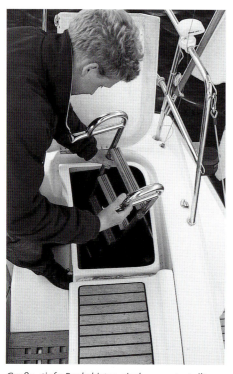

Große, tiefe Backskisten sind nur unterteilt optimal nutzbar. Foto: Reissig

grob ausmisst und das Volumen mit den Maßen eines gepackten Schlauchbootes und vollen Segelsäcken vergleicht. Auch die Öffnungen der Backskisten sind dann immens wichtig: Riesige Schächte im Heck, bei denen der Sack beim Hineinstopfen gerade mal durch den kleinen Deckel passt, geben ihn bestimmt nur äußerst unwillig wieder her.

Apropos tiefe Schächte: Sind sie nicht sinnvoll horizontal und vertikal getrennt und sorgfältig zu beweglichen Teilen wie dem Ruderkoker abgetrennt, sind sie in ihrer Höhe eigentlich nicht zu nutzen. Auch müssen stabile Stufen und Griffe ab einer bestimmten Höhe unbedingt vorhanden sein.

Schwalbennester sind im Cockpit heute nur noch in den seltensten Fällen zu finden. Puristen trauern ihnen nach, fanden doch dort die viel zitierten Müsliriegel für die Nachtfahrt ihren Platz. In der Realität vermisst man sie viel weniger, als man denkt. Für die Winschkurbeln kann man praktische Kunststofftaschen anbringen, und wer modernes Ölzeug trägt, hat auch so genug Taschen am Körper, um Zigaretten, Snacks und Taschentücher unterzubringen.

DECK, COCKPIT UND UNTER-DECK-LAYOUT

Achtercockpit
+ weit weg von der Gischt
+ Pinne oder Rad möglich
+ Durchstieg nach achtern möglich
+ großer Salon

– schränkt die Achterkabinen ein
– Nähe zur Hecksee

Mittelcockpit
+ höher über dem Wasser
+ Distanz zur Hecksee
+ große Achterkabine
+ Achterdeck

– kleiner als Achtercockpit
– nur Radsteuerung möglich
– höher über dem Drehpunkt
– steilerer Niedergang
– näher am Bug
– Innenraumbereiche sektioniert

Deckssalon
+ Salon mit Aussicht
+ Innensteuerstand möglich

– Innenraumbereiche sektioniert
– Stufe zu Vor- und Achterschiff
– schmaler Salon

14. Unter-Deck-Layout

Nirgends zeigt sich die Länge eines Schiffes deutlicher, als unter Deck: Kojen brauchen Mindestlängen, Nasszellen Mindestgrößen und Räume Mindesthöhen. Alles Maße, die von der Größe eines Menschen vorgegeben sind. Interessant ist aber auch, dass bestimmte Maße nicht überschritten werden dürfen, um das Schiff auch noch zum Segeln tauglich zu halten.

Bis knapp 30 Fuß Länge ist es schwer oder sogar unmöglich, dem Schiff alle Maße zu geben, die es komfortabel nutzbar machen; erst darüber wird es dann eingeschränkt wohnlich. Je größer die Yacht wird, ungefähr

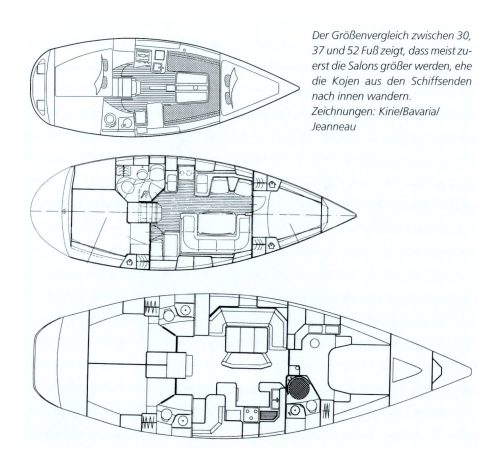

Der Größenvergleich zwischen 30, 37 und 52 Fuß zeigt, dass meist zuerst die Salons größer werden, ehe die Kojen aus den Schiffsenden nach innen wandern.
Zeichnungen: Kirie/Bavaria/Jeanneau

Unter-Deck-Layout

ab 40 Fuß, desto einfacher ist es, verschiedene Innenraumkonzepte umzusetzen. Ab 50 Fuß wird die Yacht langsam wirklich komfortabel und kurz unter 60 Fuß kommt eine neue Dimension hinzu, weil die Kabinen nicht unendlich lang werden sollen: das Achterschiff und teilweise auch die letzten Meter des Vorschiffs werden zu Stauräumen oder kleinen Crewkabinen. Darüber, also ab 65 bis 70 Fuß, werden bei den Designern dann langsam die Ideen knapp: Das Schiff verfügt häufig über zehn oder mehr Kojen in verschiedenen Kabinen, Stauraum gibt es bereits in Hülle und Fülle. Die Kabinenzahl macht hier eigentlich nur bei großen Familien oder Booten mit Gästen im Luxuscharter Sinn – im normalen Charterbetrieb wären die Wochenpreise unbezahlbar.

Bewegt man sich schließlich in Bereiche über 80 Fuß, wo die Schiffe bereits etliche Millionen kosten, wird der Rumpf zum Leben zu groß, denn Salons und Kabinen müssen auf See immer die Möglichkeit bieten, sich festzuhalten und abzustützen. Teilweise sind gerade die Salons aber derart riesig, dass man sich bei Krängung nur noch liegend vorwärts bewegen kann, oder die Räume müssen längs unterteilt werden; die Schiffsbreite kann dann bereits sechs bis sieben Meter betragen. Bereiche darüber sind schon eher mit riesigen Eigenheimen zu vergleichen: Eine Oyster 100 mit über 30 Metern Gesamtlänge verfügt zum Beispiel über zwei Salons und einen Esstisch, der Preis liegt bei über 5 Millionen Euro.

Aufbauvarianten

Allen Schiffen gemein sind die Maße für die Crew: Kojen sollten mindestens 2 Meter lang sein, die Stehhöhe 1,85 bis 1,90 Meter betragen und Salon, Navigation, Nasszelle und die Pantry möglichst uneingeschränkt nutzbar sein. Da das alles auf Yachten von neun Metern Länge genauso erwartet wird wie bei größeren Schiffen, müssen irgendwo Kompromisse gemacht werden. Üblicherweise sind diese Kompromisse bei kleinen Schiffen augenfälliger als bei Großen. Allzu variabel ist

Bei kleineren Schiffen sind nur Achtercockpits sinnvoll. Foto: Kirie

der Innenraum zudem nicht. Hinten ist meist das Cockpit, darunter kann man nur liegen, vorn sind Schiffe spitz und beschränken die Ausbauten, und mittschiffs, wo die Yacht am breitesten ist, ist der Niedergang.

Das Unter-Decks-Layout richtet sich in erster Linie nach dem Kajütaufbau, der für das Schiff gewählt wurde, und die Anordnung des Cockpits. Drei übliche Auf- und Ausbauformen stehen zur Wahl: das Achtercockpitschiff, das mit Mittelcockpit und die Deckssalon-Version. Nicht alle Layouts sind für alle Schiffsgrößen gleichermaßen geeignet, obwohl auch recht kleine Yachten teilweise mit Mittelcockpit oder Deckshaus angeboten werden: Häufig sind das Marketing-Maßnahmen, um eine neue Nische zu besetzen. Legt man auf einigermaßen bequeme Einbauten und maximale Raumnutzung Wert, sind streng genommen bis zirka 36 Fuß nur Achtercockpitschiffe sinnvoll. Deckshäuser ermöglichen bei kleineren Schiffen zu wenig Salonplatz und ein zu kleines Cockpit, und Mittelcockpitschiffe bieten einen zu kleinen Salon und nicht die nötige Stehhöhe im Durchgang nach achtern, soll das Cockpit nicht irrwitzig hoch liegen. Uneingeschränkt nutzbar werden diese Aufbauvarianten erst über zirka 40 Fuß, wenn proportional genügend Rumpfhöhe und Schiffsbreite vorhanden sind.

Die Aufbauten legen die Nutzung des Schiffs unwiderruflich fest und bestimmen den Charakter der einzelnen Werften. Mittelcockpitschiffe teilen den Raum unter Deck konsequent in ein getrenntes Vor- und Achterschiff. Typische Vertreter sind Werften wie Hallberg Rassy, Najad, Schöchl oder Moody, die fast ausschließlich Eignerschiffe ohne »sportlichen« Anspruch bauen.

Immer wieder erscheint die Variante des Deckshauses von verschiedenen Werften als neue Idee, seit einigen Jahren ist es die Dehler 41, zwischendurch die Hanse 371 oder Luffe und – sozusagen als Klassiker – die britische Luxusmarke Oyster. In das Deckshaus ist bei allen Schiffen immer der Salon eingebaut, aus dem man einen Blick nach draußen

Die schicke Alternative zum Kellerschiff heißt bei Dehler 41 DS. Foto: Reissig

Unter-Deck-Layout

Da der Deckssalon am Aufbau endet, wird er meist ein wenig schmaler. Foto: Reissig

hat, den ein klassisches »Kellerschiff« nicht bietet. Während ein herkömmlicher Salon jedoch erst an der Bordwand endet, ist bei dem höhergesetzten Deckssalon bereits an den Laufdecks Schluss – schließlich muss man außen noch vorbei und aufs Vordeck. Dadurch sind Deckssalons immer wesentlich schmaler und müssen sich den Raum häufig mit einem Innensteuerstand oder der Pantry teilen. Unter 40 Fuß lässt das kaum Raum für mehr als eine Dinette, in Bereichen darüber kann ein kleines Sofa Platz finden, aber erst in Bereichen von knapp 50 Fuß lässt sich wirklich von einem Salon sprechen.

Das Layout von Deckssalonschiffen ist durch den erhöhten Salonboden stark beeinflusst und wirkt teilweise seltsam unproportional, da sich nicht wie in einer ebenen Kajüte die

Mit seiner Ocean-Reihe hielt Bavaria Einzug bei den Mittelcockpitherstellern. Foto: Bavaria Yachtbau

Aufbauvarianten

Das Unter-Deck-Layout wird durch den Durchgang nach achtern (links) geprägt. Foto: Hallberg-Rassy Varvs AB

Einrichtungsteile beliebig verschieben lassen. Der Salon und das Sofa können nur so groß wie der Aufbau sein, und die Längen und Positionen der Sektionen sind vorgegeben. Daher folgt im Bereich des Mastes häufig die Pantry an der breitesten Stelle des Schiffes, bei größeren Yachten mit einer kleinen Kabine auf der anderen Seite, um die Breite zu nutzen, davor liegen die Eignerkabine und die Nasszelle.

Dieselbe größenabhängige Sektionierung wird auch bei Mittelcockpitschiffen offensichtlich. Hier ist es die große Achterkajüte, die jetzt durch die Position des Cockpits bestimmt wird, in demselben Maße wird jedoch der Salon kürzer und der Durchgang unter dem Süll nach achtern bestimmt das Layout. Je nach Schiffsgröße finden hier die Pantry, Schränke, Nasszellen oder Stauräume Platz, alles immer vorgegeben durch die Ausmaße des Cockpits und des Durchgangs.

Am ehesten, zumindest bei kleineren Schiffen, sind beim Achtercockpit-Layout die Ausbauten proportional zur Bootsgröße. Vom Ende des Kajütaufbaus bis zum Hauptschott lässt sich der Raum einigermaßen frei einteilen.

Bei Schiffen bis zu einer Größe von ungefähr 40 Fuß wird die Wahrnehmung von verfügbarem Raum vor allem durch die Position des Hauptschotts und die Länge des Kajütaufbaus bestimmt. Befindet sich das sichtbare Ende des Kajütaufbaus innerhalb des Salons, fühlt man sich subjektiv sofort ein wenig eingeengt. Abgesehen davon bleibt im Vorschiff ohne einen Aufbau zumeist keine Stehhöhe, was den Komfort weiter schmälert.

Allen Konzepten ist gemein, dass ein steiler Spiegel ein weiter achtern liegendes Cockpit zur Folge hat und somit auch der Kajütaufbau weiter nach achtern reichen kann. Eine Badeplattform oder ein negativer Spiegel verkürzen logischerweise immer den unter Deck verfügbaren Raum.

15. Wohnen

Böse Zungen behaupten, je nach Größe des Salons variieren vor allem die Sofaformen. Tatsächlich kommen für die klassischen doppelten Längsbänke nur noch kleine oder schmale Schiffe sowie Regattayachten mit sehr langen Cockpits infrage, sonst stünden die Bänke schlicht zu weit auseinander – der Tisch dazwischen müsste riesig sein. Wo diese Anordnung noch hineinpasst, ist die gute Nutzbarkeit unbestritten, sind sie doch als Sofa, als Sitzbank und vor allem als Seekojen brauchbar.

In den meisten Yachten ist heute durch die Schiffsbreite aber für sehr viel mehr Variabilität Raum, die sich mehr oder minder gut nutzen lässt. Durchgesetzt haben sich große U-, Rund- oder L-Sofas, die den Salon auf der einen Seite füllen und auf der anderen Platz für weitere Einbauten lassen. Was auf der Messe häufig sehr bequem und luxuriös wirkt, ist in der Praxis manchmal aber nur schwer nutzbar. Rundsofas sehen zum Beispiel sehr großzügig aus, jedoch wird der große nutzbare Platz zum Sitzen durch den geringen Platz für genügend Beine unter dem Tisch kompensiert. Ein Kreis ist innen am kleinsten, und die Crew am Tisch muss weit auseinander sitzen, damit alle Beine Platz ha-

Bis zu einer bestimmten Bootsgröße bleiben zwei Bänke im Salon obligatorisch. Foto: Kirie

ben. Auch eine bequeme Ecke zum Beine Hochlegen und Lesen sucht man auf runden Sofas vergebens – es gibt keine Ecken. Ein wenig konservativer, aber besser nutzbar sind dagegen U- oder L-Sofas, aus denen sich durch Absenken der Tischplatte auch noch eine Seekoje oder eine zusätzliche Koje für Gäste bauen lässt.

Je größer die Schiffsbreite und damit der Salon, desto eher kann die Sitzecke nicht mehr den gesamten Raum ausfüllen, wodurch zusätzliche Baugruppen Platz finden. Wichtig ist immer ein sicherer Weg ins Vorschiff, der auch bei Lage zu benutzen ist. Je nach Werft sind die Ideen für die verbliebene Seite höchst unterschiedlich: Auf den vielen Schiffen findet sich häufig eine zusätzliche, kleine Bank am Tisch gegenüber des Sofas, wo weitere Gäste Platz haben sollen. Diese Variante ist vor allem auf Charterschiffen beliebt, wo hinter dieser Bank längs die Pantry angeordnet ist. Die Lehne der Bank dient dabei gleichzeitig als Stütze für den Smutje. Andere Hersteller bevorzugen anstelle der Pantry eine weitere Längsbank, die mit dem Salongeschehen aber eigentlich nicht viel zu tun hat. Sehr großzügig sind dagegen zwei Clubsessel, die sich als Leseecke anbieten. Dies ist aber ein reiner Hafenluxus, auf See kann man damit fast nichts anfangen.

Allen Sitzen und Sesseln ist gemein, dass sie eine ausreichende Sitzhöhe, Schenkellänge und Lehnenhöhe zum bequemen Sitzen benötigen: Zu tief ist eventuell bequem als Sofa, aber zum Essen nicht geeignet, und umgekehrt ist eine gute Essbank eventuell nicht der ideale Platz für den entspannten Abend. Kaum etwas ist nach einem Bootskauf ernüchternder, als festzustellen, dass der Salon nur auf den Fotos komfortabel aussah und nach einem langen Segeltag kein Platz zum Entspannen da ist.

Kojen

Dasselbe gilt natürlich für die Kojen. Sie werden immer durch das Außendesign entscheidend mitbestimmt. Soll das Cockpit groß und bequem sein, rutscht damit der Aufbau bei einem Achtercockpitschiff nach vorn. Um den Salon ebenfalls großzügig zu halten, muss das Hauptschott von seiner Position unter dem Mast nach vorne weichen, die Funktion übernimmt eine zusätzliche Maststütze. Zwar können die Kojen im Achterschiff dadurch schon riesige Ausmaße haben, von der Vorschiffskajüte bleibt aber nur noch ein Verschlag übrig, in dem sich bestenfalls minderjährige Kinder wohl fühlen. Zwar sind die Matratzen auch hier zwei Meter lang, jedoch läuft das Bett spitz zu. Muss man vier Füße nebeneinander bekommen, ist die Koje in Wirklichkeit 30 Zentimeter kürzer. Ist das Schiff im Vorschiff sehr schlank, bleibt maximal eine Einzelkoje, die zudem im vorderen Teil durch den Ankerkasten eingeschränkt sein kann, der bei kleinen Schiffen manchmal noch über das Fußende gequetscht wird. Die Prospektangaben sind diesbezüglich sehr mit Vorsicht zu genießen: Die scheinbar rechteckige Liegefläche »Vorschiffskoje 2,2 x 1,6 Meter« ist in der Realität häufig nur am Kopfende 1,60 Meter breit.

Daher bleibt bei zunehmender Schiffsgröße die absolute Anzahl der Kojen zumeist gleich: Jetzt rutscht die Vorschiffskoje nach achtern, der Ankerkasten kommt davor, wo er auch hingehört, und das Fußende wird dementsprechend breiter, die Koje mithin uneingeschränkt nutzbar. Im gleichen Maß, nur in eine andere Richtung, gilt das auch für das Achterschiff und die hier untergebrachten Kojen. Je kleiner das Schiff, desto tiefer taucht die Cockpitwanne in den Wohnraum ein, sodass von einer augenscheinlich 1,5 Meter breiten Koje eigentlich nur 70 Zenti-

Wohnen

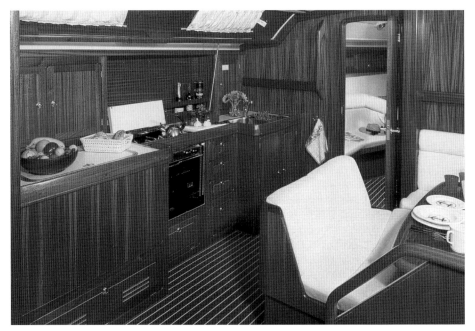

Im Hafen zwar großzügig, doch auf See kann eine Längspantry auf Dauer keine ideale Lösung sein. Foto: Bavaria Yachtbau

meter als nutzbare Liegefläche bleiben, während der Rest unzumutbar flach unters Cockpit reicht. Die Kojen sollten immer so hoch sein, dass man sich zumindest problemlos ein wenig Aufstützen oder Umdrehen kann, Maße unterhalb von 60 Zentimetern in Höhe des Oberkörpers sind zum Schlafen schlicht ungeeignet. Die Rolle des Ankerkastens über den Füßen übernimmt bei Schiffen bis 33 Fuß im Achterschiff übrigens eine eventuell vorhandene Radsteuerung: Die Verkleidung für Umlenkung und Seile kann den achteren Bereich derart beschneiden, dass nicht einmal die Füße darunter passen. Aber auch hier gilt: Je größer das Schiff, desto einfacher die ganze Sache, ohne dass der Platz auf der Zeichnung viel größer wird. Vor allem

kleine Boote mit vielen Kojen werden in einschlägigen Publikationen gern als »Raumwunder« bezeichnet, ohne dass der Verfasser augenscheinlich einmal versucht hat, Koje oder Toilette zu benutzen.

Wichtig ist bei allen Kojen, dass der waagerechte Einbau bei beladenem Schiff berechnet wurde. Gerade im Vorschiff schläft man sonst mit dem Kopf bergab, wenn das Achterschiff mit vier Gästen belegt ist. Unbedingt abzusehen ist daher auch von quer eingebauten Kojen. Ist das Schiff auch nur wenige Grad vertrimmt, wacht man morgens unweigerlich mit Kopfschmerzen auf, ohne dass man eigentlich weiß, warum.

Doch egal, wie großzügig die Kojen auch ausfallen, vor allem muss beim Kauf die Nut-

Kojen

Zwei Vorschiffskojen bei zwei 47-Fuß-Schiffen. Aufgrund des sehr schmalen Endes ist die obere nur bedingt für zwei Personen nutzbar. Fotos: Bavaria Yachtbau/Bénéteau

Wohnen

zung des Schiffes von vornherein feststehen. Bei einem reinen Daysailor, der abends immer im Hafen oder einer Bucht liegt, können alle Kojen als verwendbar zusammengezählt werden. Wenn jedoch auf dem Schiff auch auf See geschlafen werden soll, braucht mindestens die Hälfte der Mannschaft vernünftige Seekojen, bei denen man auch nach einer Wende auf den anderen Bug nicht umherpurzelt. Frei im Raum stehende Portalbetten sind dafür nur sehr schlecht umzurüsten; große Achterkojen müssen der Länge nach unterteilbar sein, damit man nicht in jeder Wende auf die andere Seite rollt. Das Vorschiff kann eigentlich ausgeklammert werden, da hier die Bewegungen zu stark sind. Gerade bei schwerem Wetter sind die ruhigsten Plätze des Schiffes im Salon, auch hier sollten deshalb Seekojen vorgesehen sein. Auf Nachfrage bieten die meisten Werften entsprechende Leesegelsysteme an.

Apropos ruhiges Schlafen: Wer lärmempfindlich ist, sollte die Eignerkabine immer im Vorschiff einplanen. Früh aufstehende oder spät zu Bett gehende Gäste müssen meist durch das Cockpit und damit über eine im Achterschiff befindliche Koje laufen, und auch die Party auf dem Nachbarschiff im Hafen findet sonst immer direkt neben Ihrem Schlafzimmerfenster statt. Der normale Bordbetrieb spielt sich ebenfalls vor den Achterkabinen ab: hier am Niedergang befinden sich zumeist Nasszelle und Pantry. Nachteil des Vorschiffs kann die klappernde Ankerkette sein, wenn das Schiff in einer Bucht liegt.

Pantry

Die unverzichtbaren Sachen werden beim Bootskauf neben allem Luxus und Komfort erstaunlicherweise gern übersehen und von manchen Werften geradezu stiefmütterlich behandelt. Aber gerade bei diesen Dingen stellen sich eingebaute Fehler häufig als am schwerwiegendsten heraus. Die Pantry ist dafür ein Paradebeispiel, denn wird sie nur für das Leben im Hafen konzipiert, ist sie unter Segeln oder vor Anker häufig nur sehr schlecht zu gebrauchen.

In allererster Linie muss der Smutje auf jedem Bug, bei jeder Lage und bei jedem Wetter einen festen Stand haben und sich abstützen können. Alle Sachen, die er benutzen möchte, müssen in seiner Nähe sein und bei Krängung an ihrem Platz bleiben. Das bedeutet, dass für alle Teller, Tassen, Gewürze, frisches Gemüse und so weiter Platz vorhanden sein muss. Dafür sollte sich der Koch nicht zu weit von einer Position wegbewegen müssen, was gerade bei Seegang wichtig ist. Am besten kann man sich an einer waagerechten, stabilen Stange in Hüfthöhe in der Pantry anleinen und muss sich dann nicht mehr viel bewegen. Das heißt, alles darf nicht mehr als eine Armlänge entfernt sein. Längspantrys erweisen sich daher zwar häufig als schick, sind aber schlicht zu lang und auch zu weit vom Niedergang entfernt, um etwas herauszugeben oder anzunehmen. Als ideal haben sich L- oder U-förmige Pantrys in Niedergangsnähe erwiesen, wobei die Spüle möglichst weit in den Raum reicht: Hier finden Flaschen, Thermoskannen oder Kekse schnell einen guten Platz.

Namhafte Hersteller bieten in den entsprechenden Schapps und Stauräumen bewegliche Unterteilungen an, die die Nutzung klar vorgeben und den vorhandenen Platz verdeutlichen. Einfacher sind leere Schränke, in denen man sich alles Küchenequipment vorstellen muss. Grundsätzlich gilt dabei: Sie ahnen nicht, wie viel das wirklich ist! In der Realität müssen dann die Schapps im Salon für

Pantry

Die ideale Küche an Bord geht über Eck und hat alles in Armeslänge erreichbar. Foto: Elan

Kekse, Tassen und Trockensuppen mitbenutzt werden, hier fehlt dann der Platz für die Bücher, die kommen also ins Vorschiff... Wenn Sie sich nicht sicher sind, was alles in eine Bordpantry gehört, packen Sie zu Hause einmal einen Berg auf den Küchentisch und stellen sich das Ganze in den vorhandenen Klappen vor. Wie gesagt: Liegt das Schiff viel im Hafen, und Sie nutzen die umliegenden Restaurants, muss das nicht entscheidend sein. Wohl aber, wenn nach einigen Wochen Unabhängigkeit in den schwedischen Schären, der dänischen Südsee oder den Kornaten gestrebt wird.

Hier in den Inseln zeigt sich ebenfalls, wie mit den vorhandenen Ressourcen hausgehalten wird, wenn man nicht alle zwei Tage zum Tanken möchte oder die Maschine nur für den Kühlschrank läuft. Wasser und Energie sind knappe Güter an Bord. Großzügig wirken zum Beispiel große, flache Spülbecken, sie verschlingen allerdings beim Spülen Unmengen von Wasser. Besser sind ein schmales, tiefes Spülbecken und ein breiteres Becken zum Abtropfen. Neben einer elektrischen Wasserpumpe sollte auch immer eine zusätzliche Fußpumpe installiert sein. Zum einen sind elektrische Pumpen häufig sehr laut und wecken das ganze Schiff beim Kaffee kochen, zum anderen dient die manuelle Pumpe als Backup-System, um auch bei Stromausfall oder Defekten an der elektrischen Pumpe noch an das Wasser in den Tanks heranzukommen. Auch der Wasserverbrauch

Wohnen

Zu den üblichen elektrischen Pumpen gehört eigentlich immer eine Fußpumpe als Sicherung. Foto: Reissig

reduziert sich dramatisch, wenn man es nicht mehr einfach laufen lassen kann.

Wer autark sein möchte, muss auch beim Kühlschrank auf die Reserven achten: Kälte möchte nach unten, daher ist ein Kühlschrank mit Tür an Bord denkbar ungeeignet, wenn 15-mal am Tag Getränke entnommen werden. Hier kann nur eine Box helfen, die die Kälte hält und idealerweise mit Körben so unterteilt ist, dass die Lebensmittel von den Bierdosen nicht zerquetscht werden. Wo auf größeren Booten Platz ist, bieten sich eine Kühlbox für die Getränke und ein Kühlschrank für die Lebensmittel an, der nur je einmal morgens und abends geöffnet wird.

In warmen Regionen ist eine große Kühlbox unverzichtbar, nur so bleibt die Kälte drinnen. Foto: Reissig

Besonderes Augenmerk sollte auch immer auf dem Kocher liegen, der, einmal fest eingebaut, in seiner Position nur noch schwer geändert werden kann. Bei Schiffen auf Seen unerheblich, aber für Fahrtensegler ein Muss, ist die kardanische Aufhängung. Nur so ist es auch bei Lage möglich, eine Suppe warm zu machen oder Kaffee zu kochen. Die Kardanik muss beim Pendeln mindestens 25 Grad Bewegung in jede Richtung ermöglichen: Um die 15 Grad krängt das Schiff an der Kreuz und 10 Grad schwingt der Kocher durch sein Gewicht nach. Häufig schwingen die Kocher in den Raum bis 90 Grad und ecken auf der Rückseite schon bei 15 Grad an, im schlechtesten Fall verkeilen sie sich dort sogar. Für den Koch ist das eine höchst gefährliche Situation, weil sich Topf und Inhalt beim Anprall unweigerlich selbstständig machen. Bei der Besichtigung reicht ein einfaches Geodreieck, um den Grad der Schwingung zu messen. In diesem Zusammenhang kann auch gleich geprüft werden, wie lang der Gasschlauch ist – nicht selten ist er die Bremse für den Kocher.

Bei den Brennstoffen kommt es auf Vorlieben und das Sicherheitsbewusstsein an. Standardmäßig bieten die meisten Hersteller heute Gas an, obwohl Gas den großen Nachteil hat, schwerer zu sein als Luft und mit Leitungen zu arbeiten, die unter Druck stehen. Im Falle eines Lecks würde es sich in dem nach unten geschlossenen Schiff sammeln, wo es explodieren könnte. In der Realität ist dies jedoch ein eher fiktiver Fall, die Versicherungen zählen viel mehr Bedienungs- und Kochunfälle als Gasexplosionen durch schadhafte Leitungen. Vorteil von Gas ist hingegen die Kompatibilität; sowohl der Kühlschrank wie auch die Heizung können sehr effektiv damit betrieben werden, ohne dass Pumpen für den Treibstoff nötig wären. Der Druck in der Flasche fördert das Gas an jede Stelle, wo es gebraucht wird. Jeglicher Service gehört aus diesem Grund auch nur in die Hände von Fachbetrieben, allen Anleitungen zum Selbermachen sollte sehr skeptisch gegenübergestanden werden.

Der in der Flasche vorhandene Druck muss in einem Petroleumkocher mit einer kleinen Pumpe erst erzeugt werden. Viele Fahrten-

Ein kardanischer Kocher ist nur dann brauchbar, wenn er in beide Richtungen frei schwingt.
Foto: Reissig

Wohnen

segler schwören auf die Optimus-Kocher, die in Serienyachten immer nur gegen Aufpreis zu bekommen sind. Vorteil ist der nahezu auf jedem Atoll dieser Erde verfügbare Brennstoff und die Möglichkeit, den kleinen Service selber zu machen. Blakende Brenner, schwarze Kajütdecken und versengte Vorhänge gehören jedoch genauso zu ihnen.

Kleine Yachten werden häufig mit Spiritusbrennern ausgeliefert, die sowohl leicht, wie auch günstig sind. Auch hier ist der Treibstoff einfach zu bekommen und die Bedienung fast narrensicher. Lediglich der hohe Treibstoffbedarf für größere Mahlzeiten und die fast unsichtbare Flamme können sich als Fußangeln erweisen.

Stauraum

Eines der liebsten Themen von Seglern ist der legendäre Stauraum unter Deck. Viele Hohlräume unter den Kojen, den Bänken und hinter den Sofapolstern sind leer, Schränke und Schwalbennester aber unbedingt nötig. Grob kann man den Stauraum neben seiner Quantität in drei qualitative Kategorien einteilen, nach denen sich seine Nutzung richtet: gut nutzbar, schlecht nutzbar und nicht nutzbar bzw. nicht vorhanden. Die letzte Kategorie sind einfach zugeschraubte Hohlräume, die man ahnt, aber nicht erreichen kann. Auch für Rumpfüberprüfungen, zum Nachziehen von elektrischen Leitungen oder bei Wassereinbruch dürfen solche Flächen eigentlich nicht vorhanden sein. Schlecht nutzbar sind alle, an die man nur mit größeren Umbauten herankommt, wie zum Beispiel unter den Matratzen der Kojen, oder die eigentlich nicht zu bestauen sind, wie tiefe, nicht unterteilte Löcher.

Sehr häufig sind die großen Räume unter den achteren Koje schlicht leer, während sich obendrauf die Taschen stapeln. Zum Öffnen der Räume müssen die riesigen Matratzen und die darunter liegenden Sperrholzplatten aufgestellt werden. Hat man die Konservendosen oder Beibootpaddel dort untergebracht, sind sie nur noch sehr schwer wieder zu schließen, häufig leidet zudem die lackierte Einrichtung unter den sperrigen Teilen. Auch tiefe Schächte hinter den Salonbänken oder offene Stauräume hinter den Kissen sind nur sehr schwer nutzbar und müssen aufwändig durch Unterteilungen und Klappen nachgerüstet werden.

Guter Stauraum hat Klappen und Schubladen in vernünftiger Größe. Große Abdeckplatten sollten mit Scharnieren zum Hochklappen versehen sein. Auch Schränke sind nur dann wirklich zu gebrauchen, wenn mehrere Regale das Einstauen erleichtern und eine Sortierung möglich ist – sonst kann man gleich aus den Taschen leben. Allzu gern sind Schapps und Schränke fast nur als Fassade vorhanden. Hinter massiven Holzklappen oder -türen, die große Räume versprechen, verbergen sich dann lächerlich kleine Stauflächen. So bleibt der gewünschte großzügige Raumeindruck gewahrt, für genügend Platz müssten die Schränke aber seitlich aus der Bordwand herausragen.

Die Menge von Taschen sollte man übrigens nicht unterschätzen: Je nach Anzahl der Mitsegler können sich nachts im Salon 15 Stück und mehr stapeln, wenn der Platz in den Kabinen zum Schlafen gebraucht wird! Das mag den wirklichen Stauraumbedarf vielleicht verdeutlichen.

Kartentisch

Einer der beliebtesten Plätze an Bord ist der Kartentisch. Irgendwie ist er auf den meisten Schiffen das Zentrum, hier konzentriert sich alles: Schalttafel, Karten, teilweise die Instrumente, Anzeigen für Strom und Wasser, unter dem Kartentisch meist das Werkzeug und die Taschenlampen, daneben das Fernglas und der Weltempfänger. Im Grunde ist er die einzige wirkliche Region im Wohnraum unter Deck, die dem reinen Segelbetrieb dient und die dazugehörige Ausrüstung beherbergt. Je nach Größe der Yacht und dem Fahrtgebiet verlangt er einen gewissen Platz, der dem Wohnraum unter Deck zwangsweise verloren geht.

Auf großen Schiffen ist der Einbau gemeinhin kein Problem, der Kartentisch bekommt an einer Stelle nahe dem Niedergang einen eigenen Platz, der genug Raum für alle Kartengrößen auf der Tischoberfläche und einen auch bei Seegang bequem zu benutzenden Sitz bietet. Je kleiner das Schiff wird, desto mehr versucht man den Kartentisch zu integrieren. Auch größte Kartentische auf Yachten nehmen normalerweise keine amtliche Seekarte ungefaltet auf. Die nächste Größe darunter reicht immerhin noch für eine Sportbootkarte, wie sie auf vielen Schiffen verwandt wird, ein noch kleinerer Kartentisch verdient eigentlich den Namen nicht mehr. In dem Tisch sollten mindestens 10 Karten oder zwei Sportbootkartensätze Platz finden, um eine Tour vernünftig vorbereiten zu können. Am besten gibt es irgendwo noch ein Extra-Fach für Zirkel, Bleistift und die Dreiecke.

Der Kartentisch ist auf See der einzige Platz, auf dem lose Dinge auch bei Lage liegen bleiben müssen. Der Rand, der den Tisch umschließt, sollte also geschlossene Ecken haben und mindestens drei bis vier Zentimeter hoch sein, damit Karten, Stifte, Lesebrille oder der Laptop nicht herunterrutschen.

Damit bei nassem Ölzeug nicht gleich das ganze Schiff nass wird und die Kommunikation mit dem Cockpit nicht das ganze Schiff weckt, sollte sich der Tisch am besten in Fahrtrichtung nahe am Niedergang befinden und einen Sitz aus lackiertem Holz oder mit Kunstlederbezug haben. Sicherlich ist das nicht so bequem wie ein echtes Polster, aber es gibt kaum etwas Schlimmeres, als mit Salzwasser vollgesogenen Schaumstoff. Ist aber ein Polster vorhanden, muss es vernünftig fixiert sein, damit man nicht bei Lage damit ins Rutschen kommt. Einfaches Klettband genügt hier häufig nicht. Schiebt man Lage auf dem anderen Bug, darf sich übrigens die Schalttafel nicht in Schulterhöhe an der Wand befinden, sonst legt man bei der ersten Welle eventuell einige Schalter gleichzeitig um, wenn man sich anlehnt.

Aus Platzgründen sind Kartentische manchmal quer eingebaut und mit einem klappbaren Sessel versehen, der bei Nichtgebrauch darunter verschwindet. Was auf den ersten Blick unheimlich praktisch wirkt, erweist sich beim Sitzen bei Lage schnell als unpraktisch. Am meisten stört jedoch der fehlende Stauraum unter der Sitzbank und unter dem Kartentisch, der nur bei Längseinbau wirklich gut nutzbar ist. Beim Quereinbau ist es besser, auf den Sitz ganz zu verzichten und stattdessen einen höheren Stehtisch einzubauen, der einen riesigen Stauraum unter sich birgt. Diese auf französischen Yachten früher verbreitete Anordnung kann zum Beispiel eine große Kühltruhe aufnehmen.

In der Zeit der Computer sind neben ausreichend Platz für See- und Hafenhandbücher gute Einbauplätze für technische Ausrüstung gefragt, allen voran der Bildschirm für die elektronische Seekarte. Er muss sich so montieren lassen, dass die Kartenklappe noch bedienbar und die Stauräume erreichbar sind. Auf schicke Instrumentenkonsolen, die vier oder fünf Tochterinstrumente des Navigationssystems beherbergen sollen, kann man dagegen verzichten – wenn man nicht gerade lange Strecken Einhand segelt, genügen hier unten GPS-Anzeige oder Navigationscomputer.

Holz und Qualität

Der Ausbau unter Deck in verschiedenen Hölzern ist heutzutage eigentlich nur noch modeabhängig. Einen wirklichen Bedarf für Mahagoni oder Teak gibt es zum Beispiel nicht mehr, da kaum noch massive Hölzer verwendet werden. Die meisten Ausbauten bestehen aus wasserfest verleimtem Sperrholz mit unterschiedlichem Deckfurnier und sind unter Leimen und Lacken durch Wasser nahezu unangreifbar. Kritisch sind vielmehr unbehandelte Hölzer an scheinbar unsichtbaren Stellen wie in Schränken oder in der Bilge. Achten Sie darauf, dass alle Schnittkanten an Bodenbrettern, nicht tragenden Schotten und Distanzhölzern in der Bilge oder unter den Kojen lackiert sind. Hier hat das Wasser über die Jahre die Gelegenheit einzuziehen und kann das Holz in kürzester Zeit unter dem Lack schwarz verfärben. Auch die Auflagebretter der Kojen sollten nicht unlackiert und am besten mit einem Lattenrost unterlüftet sein. Der Mensch verliert auch beim Schlafen große Mengen an Feuchtigkeit, die das Holz sonst bei schlechter Lüftung sehr schnell zum Faulen bringen.

Wichtig für die Bewegung bei Seegang sind Handläufe unter Deck, die natürlich die wohnliche Atmosphäre etwas trüben. Ideal

So darf eine Bilge auf keinen Fall aussehen: Die Querverstrebungen und die Schnittkanten sind unbehandelt, die Bodenbretter mit Holzresten unterfüttert. Foto: Reissig

sind gut sichtbare und gut zu greifende Handläufe an der Decke, an denen man sich stehend entlanghangeln kann, gut für den Niedergangsbereich ist eine senkrechte Stange, die bis zur Decke reicht und an die man sich auch einmal anlehnen kann. Jeder Punkt im Schiff muss sich auch bei Welle mit einem Griff oder einem Platz zum Abstützen erreichen lassen. Da der Wohnbereich nicht durch martialische Griffleisten getrübt werden soll, gelten auch Umrandungen von Pantry und Kartentisch als Griff, ohne jedoch richtig zu funktionieren, da sie auf Hüfthöhe liegen. Um das Körpergewicht gut abzufangen, müssen die Handläufe aber ungefähr auf Kopfhöhe sein.

Ausprobieren kann man das, wenn man sich einmal an den Haltestangen entlang durch einen fahrenden Bus hangelt: auch hier greift man meist nach oben.

WOHNRAUMKRITERIEN

Salon
- gut zum Sitzen nutzbar
- bequemer Platz zum Lesen und Ausruhen vorhanden
- nutzbare Stauräume/Bücherregale
- Bänke bei Bedarf als Seekoje zu gebrauchen

Kojen
- ausreichende Breite über die volle Länge
- ausreichende Höhe
- Fußraum nicht eingeschränkt
- alle Liegeflächen auch beladen waagerecht
- bei Bedarf als Seekojen nutzbar

Pantry
- bei Lage gut nutzbar
- Kocher frei schwingend (über 25°)
- genügend zugänglicher Stauraum
- tiefes Spülbecken
- gut unterteilte Kühlbox

Stauraum
- schnell erreichbar
- gut unterteilt

Kartentisch
- nahe dem Niedergang
- ausreichend Stauraum für Karten, Zirkel etc.
- ausreichend hohe Schlingerleisten

Handläufe
- in vernünftiger Anzahl und Höhe angebracht

16. Das Rigg

Wenn man sich die Takelung moderner Schiffe anschaut, meint man, die heutigen Segler hätte die Fantasie verlassen: Das Gaffelrigg – verschwunden, die Yawl – schon lange nicht mehr da, Schoner – nur noch etwas für Liebhaber, die Ketsch – vom Aussterben bedroht. Tatsächlich ist nur noch die Slup permanent auf dem Vormarsch und das auch in Regionen weit jenseits von 20 oder 25 Metern Schiffslänge, wo früher mehrere Masten quasi Standard waren – Standard deswegen, um die Lasten zu verteilen.

Denn mit modernen Materialien sind riesige Einzelsegel machbar geworden, die früher einfach an den Möglichkeiten des Segelmateriales, des Tauwerks, der Hebelklemmen, Winschen und Masten und nicht zuletzt an den Bootsbaumaterialien gescheitert sind. Alles dehnte, reckte und arbeitete, und wenn die Masten zu hoch wurden, waren sie schlicht nicht mehr zu halten oder die Segel waren nicht mehr in Form zu bringen. Heute ist alles derart stabil, dass auf einem Regattaschiff eher der scheinbar massive Schäkel des Unterliekstreckers bricht, ehe die Streckleine oder das Segel nachgeben.

Takelung
Neben der klassischen, hochgetakelten Slup und dem 7/8-Rigg sind noch einige Variationen wie 8/9- oder 10/11-Takelungen hinzugekommen. Allen gemein ist, dass ein durch das Deck gesteckter Mast, der seinen Fuß direkt auf der Kielsohle hat, die homogenste Krafteinleitung in das Schiff und die gleichmäßigste Mastkurve gewährleistet. Klarer

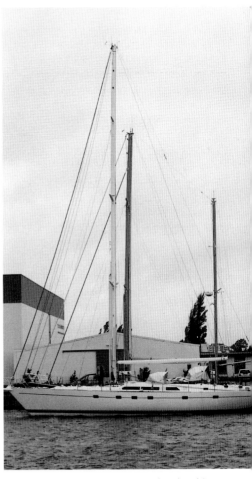

*Deutlicher Unterschied: Mussten bei dem hinten liegenden Schiff die Segelflächen zu Ketsch aufgeteilt werden, kann der vorne liegende, moderne 70-Füßer als Slup geriggt werden.
Foto: Proctor/Sailtec*

Nachteil ist das häufige Leck- oder Kondenswasser, das am Mastprofil herunterläuft. Neben dem ungewollten martialischen Aussehen im Salon ist dies der Hauptgrund, warum viele Werften darauf verzichten.

Das hochgetakelte Rigg ohne große Trimmmöglichkeiten ist die einfachste Form der Takelung. Das Vorstag und das Achterstag setzen direkt am Masttopp an, über einen Spanner im Achterstag ist das Durchsetzen des Vorstages möglich. Sonst gibt es für dieses Rigg eigentlich keine Trimmmöglichkeiten. Ganz das Gegenteil ist das 7/8-Rigg, das in den Siebzigern mit der IOR-Formel Einzug hielt. Erst auf ein Achtel unterhalb des Masttopps setzt hier das Vorstag an und muss über separate Backstagen, die sich seitlich des Großsegels befinden, gespannt werden. Vorteil ist ein sehr bewegliches Rigg, das sich über das Achterstag in eine gleichmäßige Kurve ziehen lässt; bei mehr Wind kann man so den Bauch aus dem Großsegel ziehen und das Achterliek ein wenig öffnen. Da die Backstagen jedoch in jeder Wende bedient werden müssen, ist es bei Fahrtenseglern einigermaßen unbeliebt. Die Alternative der letzten Jahre sind 8/9- oder 9/10-Riggs, bei denen das Vorstag analog zum 7/8-Rigg kurz unterhalb des Masttopps ansetzt. Hier kann auf die Backstagen verzichtet und mit einem kräftigen Achterstagspanner das Großsegel je nach Wind getrimmt werden. Liefert die Werft diese Riggart zum besseren Trimmen serienmäßig, muss der Achterstagspanner leicht zu bedienen sein, ein versplinteter Wantenspanner ist hier nicht das Richtige. Neben der Trimmbarkeit ist vor allem die im Gegensatz zur Hochtakelung kleinere Vorsegelfläche von Vorteil, die die Bedienkräfte erheblich reduziert. Der Mast kann zudem ein Stück nach vorne versetzt werden, was die

Ein durchgesteckter Mast mitten im Salon ist nicht jedermanns Sache. Foto: Reissig

Maststütze im Salontisch eventuell überflüssig macht.

Für große Yachten bietet sich eigentlich immer noch ein zweiter Mast zur Teilung der Segelfläche an. Wurden früher sogar 35 oder 39 Fuß lange Schiffe als Ketsch geliefert (und meist als Slup gesegelt), stellt man heute den zweiten Mast ab 55 – 60 Fuß, weil gerade bei kleiner Besatzung die zu bewältigenden Einzelsegel zu groß werden. Klassische Vertreter sind hier zum Beispiel die legendären Amel Super Maramu aus Frankreich, die als Prototyp einer Langfahrtyacht gelten. Bei 16 Metern Länge gibt es hier schon einen zweiten Mast dazu. Die einzelnen Masten und Segel-

Das Rigg

Das moderne 9/10-Rigg kommt ohne Backstagen aus. Foto: Elan

flächen werden zwar kleiner, auf der anderen Seite nehmen aber Gewicht, laufendes und stehendes Gut sowie Winschen und Klemmen zu. Sonst wird aber bis weit über 100 Fuß Länge darauf verzichtet: Selbst eine Hallberg Rassy 62 (17,10 m) oder eine Baltic 87 mit über 26 Metern Länge werden serienmäßig zwar als Kutter (siehe Kapitel 17) gebaut, um bei kräftigem Wind zumindest die Vorsegel leichter zu beherrschen, nicht aber als Ketsch. Der Vorteil der zwei Masten wiegt den Vorteil eines höheren Riggs einfach nicht auf.

Salinge

Welche Performance bei der einzelnen Yacht zugrunde gelegt wurde, zeigt die Anzahl und Länge der Salinge sowie die Position der Wantenpüttinge (siehe auch Krafteinleitung): Je kürzer die Salinge, desto weiter innen lässt sich der Genuaholepunkt (die Genuaschiene) anbringen, und desto kleiner wird der Kreuzwinkel. Der Unterschied zwischen breiten und schmalen Salingen kann da schon um die fünf Grad auf jedem Bug betragen. Die Salinge üben über die Wanten seitlich Druck auf den Mast aus und verhindern, dass sich das Mastprofil in der Mitte seitlich durchbiegt. Je breiter die Salinge also sind, desto mehr Druck wird ausgeübt und umso weniger Salinge sind nötig. In der Produktion ist das durchaus von Vorteil, da auch die Wanten mit weniger Vorspannung gefahren werden müssen, die Wantenspanner werden kleiner und günstiger und die Belastung des Riggs auf den Rumpf wird geringer.

Zu sehen ist diese Anordnung bei klassischen Fahrtenschiffen, die keinen oder nur geringen Anspruch an sportliches Segeln haben. Je mehr jedoch Performance in den Vordergrund rückt, desto weiter wandern Püttinge und Genuaschienen nach innen; die Salinge werden kürzer und zahlenmäßig mehr. Auch die Dicke des Mastprofils spielt dabei natürlich eine Rolle. Ein stabiles, dickeres Profil hat einen geringeren Hang zur Seite durchzubiegen, als ein dünnes und leichtes. Somit kann ein gleich hohes Tourenrigg, das alternativ angeboten wird, eventuell mit zwei Salingpaaren auskommen, während das Sportrigg des gleichen Schiffs derer drei benötigt. Im Umkehrschluss ist das Sportrigg beweglicher

Stehen die Wanten weit außen, kann die Genua nicht optimal dicht gefahren werden. Einige Grad Höhe gehen so verloren. Foto: Bénéteau

und besser trimmbar und hat weniger Toppgewicht.

Geht es in der Großserienfertigung schließlich um Geld, kommt eine weitere Variante dazu. Das Profil wird dünner gehalten, um günstiger einzukaufen, dafür wählt die Werft breitere Salinge, um es trotzdem vernünftig abzustützen und hohe Wantenspannungen zu vermeiden. Der Kreuzwinkel bleibt dabei unweigerlich auf der Strecke. Die Genuaschienen sollten immer ungefähr so weit innen wie auch die Wantenpüttinge liegen. Weiter draußen würde unnötig Höhe verschenkt und weiter innen bedeutet, dass man die Genua an der Kreuz mit Gewalt um das Want ziehen muss. Weder für die Haltbarkeit des Segels noch für den Kreuzwinkel ist das jedoch von Vorteil. Der Kreuzwinkel richtet sich immer nach dem äußeren Punkt, also den Wanten. Trotzdem liefern einige Werften ihre Schiffe mit extrem weit innen liegenden Schienen aus, häufig auch auf dem Kajütdach – um die Laufdecks frei zu halten. Für den Trimm ist es jedoch von Vorteil, wenn eine kleine Fock innenwants geschotet wird. Je nach Hersteller und Einsatzzweck sind die Salinge mehr oder weniger stark nach achtern gepfeilt. Damit wird das Mastprofil in Schiffslängsrichtung stabilisiert, Unterwanten sind dazu nur unterhalb der unteren Saling in der Lage. Die gepfeilten Salinge drücken über den Zug der Oberwanten den Mast nach vorn, er kann sich also bei kräftigem Druck im Großsegel nicht einfach nach hinten biegen,

Das Rigg

Stark gepfeilte Salinge stützen den Mast nach vorn. Foto: Proctor/Sailtec

das Profil des Segels bleibt somit bei wechselndem Wind konstanter. Nachteil der gepfeilten Salinge ist, dass sie konstruktiv bedingt weit nach achtern ragen: Vor dem Wind schamfilt das Großsegel wesentlich eher an Wanten und Salingen.

Hersteller von Schiffen zum reinen Fahrtensegeln verzichten daher gern auf die zu starke Pfeilung und ein sehr bewegliches Rigg und setzen eher auf ein zusätzliches Babystag oder vordere Unterwanten, die den Mast gegen den Druck des Großsegels nach vorne stabilisieren. Vor allem an der Kreuz und bei hoher See gegenan lässt das »Pumpen« des Mastes dadurch spürbar nach. Das Babystag löst diese Aufgabe dabei häufig effektiver, da es im Gegensatz zu den vorderen Unterwanten, die nur unter der ersten Saling angreifen können, weiter oben Richtung Mastmitte montiert werden kann.

Sein Nachteil ist, dass in jeder Wende die Genua daran vorbei muss und bei gesetztem Babystag vor dem Mast der Spinnakerbaum nicht benutzt werden kann. Daher muss es immer wegnehmbar, das heißt mit Pelikanhaken und Handspanner versehen montiert werden.

Materialien

Natürlich wirken sich leichtere Masten auch immer positiv auf die Segeleigenschaften einer Yacht aus. Obwohl die Herstellung von Masten und Spibäumen aus Kohlefasern nicht gerade billig ist, setzt sich der Gedanke auch bei Serienyachten zunehmend durch.

Regattayachten sind ein Vorzeigebeispiel der Möglichkeiten, die Kohlefasern bieten; Ingenieure und Techniker bevorzugen dieses Material, weil es erheblich leichter ist als andere Fasern. Das spezifische Gewicht liegt etwa bei 1,8 g/cm^3 und damit erheblich niedriger als das von Glasfasern, die Zugfestigkeit ist jedoch doppelt so hoch. Einige Hightech-Fahrtenjachten oder Serien-Racer wie die Bénéteau First-Serie werden bereits optional mit Masten aus Kohlefasern geliefert. Weniger Gewicht im Masttopp erlaubt die Konstruktion einer schnelleren Yacht.

Der Einsatz der schwarzen Fasern ist am gebräuchlichsten bei Spibäumen und auch nach den Regeln der IMS auf Rennyachten erlaubt. Gerade bei einem Ausrüstungsgegenstand, der oftmals eine Gefahrenquelle für die Crew

Materialien

Wird durch ein leichtes Rigg Gewicht eingespart, kann es im Umkehrschluss höher werden. Foto: Reissig

darstellt, ist geringeres Gewicht ein Riesenvorteil. Ein kräftiges Crewmitglied hat normalerweise keine Probleme, einen 23 Kilogramm schweren Aluminiumspibaum zu handhaben. Der gleiche Spibaum wiegt aus Kohlefasern jedoch nur noch 15 kg. Der Gewichtsvorteil sieht nicht überwältigend aus, macht sich aber bei der Arbeit auf einem auf und ab tanzenden Vordeck ganz erheblich bemerkbar. Je länger die Bäume werden, desto größer werden die Gewichtsvorteile.

Ein Nachteil von Kohlefaser ist deren geringe Kerbschlagfestigkeit, sie sind nicht sehr widerstandsfähig gegen harte und punktuelle Schlageinwirkungen. Diese Bereiche, zum Beispiel an den Berührungspunkten der Wanten, müssen durch ein stärkeres Laminat aufgefangen werden. Ein ideales Anwendungsfeld ist die Mastherstellung, auch wenn die Kosten weit über einem herkömmlichen Rigg liegen. Ein Mast aus Kohlefasern, ohne Beschläge, wiegt nur etwa die Hälfte von dem, was einer aus Aluminium wiegen würde. Selbst wenn er mit herkömmlichen Beschlägen, stehendem und laufendem Gut bestückt wird, so ist das Gesamtgewicht des Riggs noch über 30 Prozent geringer.

Gewichtseinsparungen, die hoch über dem Schwerpunkt der Yacht liegen, zahlen sich durch den großen Hebel gewaltig aus. Bei einer Mastlänge von etwa 18 Metern für eine zwölf Meter lange Fahrtenyacht wiegt der Mast alleine ungefähr 150 kg. Aus Kohlefasern gefertigt, würde eine Gewichtseinsparung von zirka 66 kg resultieren. Geht man davon aus, dass der Schwerpunkt dieser 66 Kilogramm etwa 8,5 Meter über dem Schwerpunkt der Yacht liegt, ist das immerhin vergleichbar mit einem leichten Crewmitglied auf der Saling.

Von einer Yacht mit 2,10 Meter Tiefgang und dem Schwerpunkt 30 Zentimeter unter der Wasserlinie könnten dann zum Beispiel 300 Kilogramm Ballast entfernt werden, ohne dass die Stabilität leidet. Addiert man die Gewichtseinsparung im Rigg und am Kiel, so erhält man eine Yacht, die 366 Kilogramm leichter ist. Dieses eingesparte Gewicht eröffnet auch neue Wege, die Stabilität oder den

Das Rigg

Ballastanteil zu ändern. Bei einer Yacht mit kurzem Kiel ließe sich das geringere aufrichtende Moment gegenüber einem Standardkiel kompensieren, da Gewicht im Masttopp eingespart wird. Bei einem Schiff, das bereits über genügend Stabilität verfügt, kann man den Ballast reduzieren, um sie leichter und schneller zu machen oder die Zuladung zu erhöhen. Oder man gönnt sich einen längeren Mast, der eine größere Segelfläche und bessere Segeleigenschaften bei leichtem Wind bedeutet.

Masthöhe

Bei Serienyachten kann man häufig zwischen dem Standardrigg und einem Renn- oder Binnenrigg wählen, das einige Zentimeter oder Meter höher ist. Die Besegelung wird größer und ist mit der PS-Zahl eines Autos zu vergleichen: Mehr Segelfläche bedeutet mehr Power, ohne dass man sie zwangsläufig nutzen muss. Niemand muss das Gaspedal voll durchtreten, und so müssen auch große Segel nicht zwangsläufig immer ungerefft gefahren werden. Auch besteht die Möglichkeit, zum Beispiel mit vollem Groß und der kleinen Genua III zu fahren, während alle anderen sich noch mit der großen Genua 1 abplagen. Wird die Fläche dann aber bei weniger Wind gebraucht, steht sie zur Verfügung. Wo beim Auto viel PS bei wenig Gewicht viel Performance versprechen, sind auch im Yachtbau Gewicht und Segelfläche direkt voneinander abhängig; abzulesen in dem Verhältnis Quadratmeter Segelfläche zu Tonne Gewicht. Innerhalb einer Größenklasse lassen sich so die schnelleren von den langsameren Yachten leicht unterscheiden. Im Bereich um 30 Fuß liegt die Dehler 29 mit 17 m^2/t vorn, dicht gefolgt von der Elan 295 mit 16,4 m^2/t, ein klares Fahrtenschiff ist dagegen die Etap 30i mit 10,5 m^2/t. In größeren Bereichen lässt sich der Vergleich mit anderen Zahlen beliebig fortsetzen: Der Racer Bénéteau First 40.7 hat 14 m^2/t, eine Etap 39s noch 11,2 m^2/t und hinten rangieren die gemütlicheren Schiffe Sunbeam 39 mit 8,7 m^2/t oder Najad 391 mit 9 m^2/t.

Wichtig ist bei einem eventuell höheren Mast, dass die Werft diesen Mast auch in die Stabilitätsberechnungen mit einbezogen hat, denn im Rahmen der CE sind Stabilitätsnachweise für Yachten nunmehr Vorschrift. Im Ernstfall verliert damit Ihr neues Schiff eventuell seine CE-Zulassung, dasselbe kann übrigens auch schon für einen einfachen Spinnaker gelten, wenn dieser bei der Berechnung nicht mit einbezogen wurde. Das hat alles keine rechtlichen Folgen, außer dass ein verändertes Schiff wie ein Eigenbau gehandhabt wird, für den die CE nicht gilt. Auch die meisten Versicherungen akzeptieren solche Veränderungen derzeit problemlos und zahlen im Schadensfall. Sicherer ist es jedoch, vorher sowohl mit dem Hersteller, wie auch mit der Versicherung zu sprechen.

Das Aero-Rigg

Als Alternative zu einem festem Mast mit Vor- und Achterstag, bei dem sich nur die Segel bewegen lassen, bietet ein englischer Hersteller ein sehr ungewöhnliches Rigg an: das Aero-Rigg, mit dem sich jede moderne Yacht nachrüsten lassen soll. Da sich das Vorstag nicht im Drehpunkt des Schiffes befindet, sind herkömmliche Riggs zwar erprobt, aber auf vielen Kursen recht uneffizient und kompliziert. Die auftretenden, großen Kräfte bedeuten zudem für die Mannschaft harte Arbeit, die nur mit Winschen und Untersetzungssystemen zu bewältigen ist.

Das Aero-Rigg

Sehr effektiv, aber auch extrem unkonventionell ist das frei drehende Aero-Rigg. Foto: Reissig

Der Mast und die Segelfläche des Aero-Riggs sind um etwa zehn Prozent kleiner als bei einem serienmäßigen 8/9-Rigg, die gesamte Konstruktion besteht komplett aus Karbon und ist in zwei Lagern im Kajütdach und auf der Kielsohle gelagert und daher frei drehbar. Sowohl der Großbaum, als auch das gesamte Vorsegel samt Selbstwendeschiene, Winschen und Vorstag sind daran montiert.

Bei gelöster Schot dreht sich das komplette Rigg immer in den Wind, auch wenn er von achtern kommt: Die Fock wirkt als direktes Gegengewicht zum Groß, sodass auch bei größeren Windstärken keine merkliche Vervielfachung der Kräfte zu spüren ist. In der Wende wendet die Fock selbst auf einem kleinen Schlitten auf ihrem eigenen Baum – alles funktioniert sehr leise und kraftlos.

Auf Halbwindkursen muss die Einstellung der Fock nicht geändert werden, nur die einzige Schot wird gefiert. Durch die Drehung wandert das Vorstag nach Luv außenbords, die optimale Düse zwischen Groß und Fock bleibt erhalten. Gerade hier müsste bei konventionellen Riggs mit Barberhaulern und verstellten Holepunkten versucht werden, den Twist in der Fock zu minimieren, wenn mit losen Schoten das Schothorn steigt und sich das Achterliek im oberen Drittel öffnet.

Auf achterlichen und raumen Kursen entfällt das zusätzliche Ausbaumen, und auch Halsen in allen Bedingungen sind die Schrecken genommen, solange die Fock als Gegengewicht wirkt: Der Großbaum kommt so langsam und kraftlos über, dass er mit der bloßen Hand festzuhalten ist. Zum Reffen muss man nicht in den Wind drehen und somit eine steile See von vorn riskieren, sondern geht vor den Wind, lässt den Großbaum nach vorne schwenken und kann gefahrlos auf dem Vordeck die Segel kürzen.

Tests mit zwei gleichen Schiffen bei ähnlichen Bedingungen haben ergeben, dass das Aero-Rigg trotz geringerer Größe dem Schiff auf jedem Kurs zu ungefähr einem Knoten mehr Fahrt verhilft (jeweils unter Groß und Fock) und das Schiff weniger krängt. Die leichte Bedienung zeigt sich auch bei Manövern auf engem Raum. Durch einfaches Auffieren und Dichtnehmen der Schot kann die Geschwindigkeit fast wie unter Motor beeinflusst werden. Das Gekurbel an den Groß- und Genuawinschen entfällt völlig.

Trotz aller Vorteile und moderner Materialien bleibt ein Aero-Rigg jedoch noch der Exot unter den Serienschiffen und auch bei den renommierten Werften ist das Vertrauen nicht so groß, dass sie es herstellerseitig als Extra anbieten. Auf jeden Fall sollte man sich die Zeit für eine Probefahrt mit diesem Rigg einmal nehmen: Das Segeln kann ohne die gewaltigen Kräfte auf den Schoten und ohne schlagende Segel fast langweilig wirken.

DAS RIGG

durchgesteckter Mast
+ homogene Mastkurve
+ keine Maststütze nötig
+ gute Krafteinleitung

− Leck- und Kondenswasser
− Mastprofil im Salon

leichtes Rigg
+ geringeres Toppgewicht
+ weniger Ballast möglich
+ mehr Segelfläche möglich

− bei dünnem Profil höhere Stützkräfte nötig: breitere Salinge oder mehr Riggspannung

außen liegende Püttinge
+ keine Unterzüge im Salon
+ weniger Wantenspannung
+ weniger Salinge

− größerer Kreuzwinkel

innen liegende Püttinge
+ kleiner Kreuzwinkel

− mehr Salinge
− hohe Riggspannung
− Unterzüge im Salon

Aero-Rigg
+ geringe Bedienkräfte
+ kleiner Kreuzwinkel
+ ideale Holepunkte

− sehr unkonventionelle Optik
− teuer

17. Segel

Kaum eine moderne Fahrtenyacht wird heute noch serienmäßig ohne Rollvorsegel ausgerüstet. Damit entfällt das lästige Segelwechseln auf dem Vorschiff, was zum einen ein Sicherheitsfaktor, zum anderen jedoch eine Sache der Bequemlichkeit ist. Nicht zuletzt bleibt das Vorsegel permanent am Mast, es muss damit kein Raum im Schiff für drei oder vier Segelsäcke vorgehalten werden, ein Platz, der auf den auf maximalen nutzbaren Raum ausgelegten Großserienschiffen zumeist sowieso nicht mehr vorgesehen ist.

Wichtig ist, dass dem Segelschnitt jedoch nicht allzu viel zugemutet werden kann: Keine eingerollte Genua kann stehen wie eine Fock I und damit den gleichen Vortrieb leisten. Das Problem an den Rollreffvorsegeln ist immer die sich permanent ändernde Profiltiefe, je weiter das Segel eingerollt wird. Abhilfe schaffen bei modernen Rollreffanlagen nachlaufende Ober- und Unterlieken, bei denen sich der Bauch des Segels zuerst eine knappe Umdrehung alleine einrollt, wodurch das Profil flacher wird. Zudem bieten Segelmacher senkrecht eingenähte Schaumstreifen an, die, mit dem Segel eingerollt, zusätzlich Tuch aus dem Bauch ziehen sollen.

Bei der Umrüstung auf eine Rollgenua sollte der Eigner eine Verstellmöglichkeit der Genuaholepunkte aus dem Cockpit gleich mit

Die meisten Rollreffgenuas stehen nur in ausgerolltem Zustand ideal. Foto: Proctor/Sailtec

Statt Taljen kann ein Hydraulikspanner den nötigen Zug aufs Vorstag bringen. Foto: Reissig

to weiter muss der Holepunkt auf der Schiene nach vorn, umgekehrt muss er beim Ausreffen wieder nach achtern – diesen Weg legt er aber unter dem Zug der Schot allein zurück.

Gegen großen Durchhang des Vorstags und für perfektes Rollen sind vernünftige Achterstagspanner bei Rollreffanlagen von großer Bedeutung. Befindet sich auf dem Serienschiff nur ein normaler Wantenspanner im Achterstag, sollte dieser durch einen Hydraulik- oder Kurbelspanner ersetzt werden. Durch das Gewicht und die Windangriffsfläche des aufgerollten Segeltuchs benötigt das Vorstag in gerefftem Zustand bei viel Wind deutlich mehr Spannung. Lässt der Wind nach, kann für ein problemloses Ausrollen hingegen eine Entlastung des Stages sinnvoll sein.

Eine Rollgenua muss aber auch nicht das einzige Vorsegel sein, das auf der Rollanlage gefahren wird. Jede Rollanlage verfügt über eine Kiep, in der das Segel läuft. Wer auch bei kräftigem Wind Wert auf gute Segeleigenschaften legt, kann sich beim Segelmacher eine Genua III schneidern lassen, die statt der I gesetzt wird. Einziges Manko ist, dass vor dem Setzen des kleineren Segels das große komplett ausgerollt werden muss, damit man es wegnehmen kann.

einplanen, um nicht den Gang aufs Vordeck eingespart zu haben, den aufs Seitendeck aber trotzdem machen zu müssen. Zumeist lassen sich die vorhandenen Systeme mehr oder weniger aufwändig umrüsten, serienmäßig werden Verstellsysteme meist nur auf Regattaschiffen oder bei hochpreisigen Schiffen angeboten. Bei kleinen Schiffen genügt es, die Arretierung des Schlittens zu blockieren und an der Vorderseite der Schiene einen Umlenkblock anzubringen. Die Verstellleine führt vom Schlitten durch den Block auf eine Curryklemme im Cockpit und kann von dort bequem bedient werden, wenn das Segel eingerefft wird. Je kleiner das Segel wird, des-

Je dichter das Segel über Deck gefahren wird, desto geringer ist der Luftaustausch zwischen der Über- und der Unterdruckseite des Segels (siehe auch »Stabilität und Hydrodynamik«). Möchte man also mit einem Rollsegel auch Regatten fahren, bietet sich eine abnehmbare Trommel an, das Vorsegel wird dann bis zum Deck heruntergezogen. Für den Vortrieb ist das fehlende Stück im Topp eher zu verschmerzen als eine große Lücke zwischen Deck und Unterliek. Der Blick nach Lee ist dadurch jedoch stark eingeschränkt. Zum Fahrtensegeln sollte das Segel daher immer ein Stück weiter oben sitzen, dann scheuert es weniger an der Reling und schaufelt bei Welle weniger Wasser.

Zur Optimierung der Segeleigenschaften bei Starkwind erlebt in diesem Zusammenhang die Kutterbesegelung eine Renaissance: Parallel zum Vorstag kann ein zweites Stag aufs Vordeck gesetzt werden, an dem an Stagreitern ein Starkwindsegel gefahren wird. Der Segeldruckpunkt verlagert sich durch diese Anordnung nach unten und zum Schiffsmittelpunkt, was gerade bei hoher See große Vorteile hat. Das unveränderliche Segelprofil leistet idealen Vortrieb; das Tuch kann ohne große Probleme gesetzt und geborgen werden, da der Vorschiffsmann mitten auf dem Vordeck arbeiten kann und nicht bis in den Bugkorb klettern muss. Um die Vorteile der normalen Sluptakelung zu erhalten, wird dieses Stag nur bei Bedarf gesetzt. Dazu genügt bei kleineren Schiffen ein kräftiger Pelikanhaken, um die Spannung aufs Stag zu bringen, bei größeren Yachten sollte zudem ein kleiner Stagspanner mit einklappbaren Griffen für den nötigen Zug sorgen.

Je größer das Schiff und je kleiner die Crew, desto mehr lohnt es sich, über eine Alternative zum Standard-Großsegel nachzudenken.
Foto: Reissig

Großsegel

Geht es um die Segelgarderobe, so hat sich für den Fahrtensegler in den letzten 15 Jahren bei den Großsegeln am meisten getan. Zwar ist die Variante des Gaffelsegels kein Thema mehr, so aber die verschiedenen Schnitte – und die verschiedenen Latten. Experimentierten die Segelmacher in den Achtzigern noch mit biradialen Schnitten und Dacrontüchern, ist man sich heute einig, dass radikale Schnitte auch spezielle Tücher erfordern, die die Belastungen in allen Richtungen aufnehmen können.

Für die Fahrtenschiffe und deren günstigere und haltbarere Dacronsegel blieb die Entwicklung aber keinesfalls stehen. Vielmehr suchte man dort nach speziellen Segeln für spezielle Einsatzzwecke, während der Schnitt des Segels aber im Grunde derselbe blieb. Heute steht der Bootskäufer nun auf den Messen neben der Frage, welches Schiff für

Segel

Je länger die Latten im Segel sind, desto weiter kann das Achterliek ausgestellt werden – vor allem auf Raum-Kursen ein Vorteil. Foto: Reissig

Am weitesten verbreitet sind zwei Systeme: zum einen das Rollgroßsegel, welches permanent im Mast gefahren wird und nur über die kurze Strecke des Baums ausgerollt werden muss, und das Rutschersegel in verschiedenen Variationen, welches nach dem Segeltag wieder auf dem Baum landet. Der Hauptunterschied bei dem letztgenannten sind die Latten. Allen ist gemein, dass die Latten das Groß in Form halten sollen. Während das Standardgroßsegel lediglich über vier oder fünf kurze Latten im Achterliek verfügt, um eine möglichst große Fläche und eine konvexe Achterliekskurve zu ermöglichen, gehen längere Latten noch einen Schritt weiter. Mittellange Latten zum Beispiel stützen sich auf einer noch längeren Strecke im Segel ab und können so ein noch weiter ausgestelltes Achterliek stabilisieren. Deren Problem ist die Stauchwirkung im Segel, welche vor allem bei leichtem Wind zu einer unschönen Falte entlang der Lattenvorderkante führen kann. Hier, wie auch bei den kurzen Latten, ist erhöhter Verschleiß in diesem Bereich die logische Folge.

Von Katamaranen und Regattaschiffen sowie von speziellen Reffsystemen (zum Beispiel Dehler Main-Drop-System) kennt man die durchgelatteten Segel. Deren unschlagbarer Vorteil ist das flächig stabilisierte Profil, welches – gleich ob Leicht- oder Starkwind – nahezu faltenfreien Stand garantiert und bei dem auch das berüchtigte Flattern im Achterliek alter Segel erst viel später eintritt. Negativpunkte sind das höhere Gewicht durch die teilweise sehr massiven GfK-Latten, der Stauchdruck, den das Segel auf die Mastachterkante überträgt und das nur schwierig trimmbare Profil. Gegen das Gewicht hilft häufig (bei großen Schiffen) nur eine kräftigere Fallwinsch, während der Stauchdruck im

ihn das Richtige sei, auch noch vor dem Problem, welches Großsegel seinen Ansprüchen wohl am ehesten genügt. Schließlich stehen bei vielen Yachtherstellern gern drei Varianten in den Preislisten – und jeder Segelmacher hat noch einmal zwei oder drei andere parat.

Vorliek durch kugelgelagerte Lattenrutscher entschärft werden kann, welche statt der Standardrutscher auf der Mastnut gleiten.

Als Alternative dazu gilt das Großsegel mit zwei durchgehenden Latten im Topp, welches von den Segelmachern unter den verschiedensten Produktnamen angeboten wird. Hier wird lediglich der obere Bereich des Segels bis zum Mast fixiert, während weiter unten, wo die Achterliekskurve nicht mehr so stark ist, kürzere Latten genügen. Damit ist über den Unterliekstrecker und das Fall oder den Cunninghamstrecker das Profil weiterhin trimmbar, während zudem das Gewicht des Segels und der Stauchdruck deutlich abnehmen. Vermutlich handelt es sich hierbei um eine der sinnvollsten Innovationen für den Segler, der auch das schnelle Vorankommen schätzt.

Ein Vorteil der durchgehenden Latten und des Rollgroßsegels geht dabei aber wieder zum Teil verloren: Weder können Lazy-Jacks die durchgehenden Latten einfach auffangen, ohne dass die Hälfte des Großsegels auf dem ganzen Deck herumliegt, noch kann das Segel einfach in den Mast gedreht werden. Und da kommt ein psychologisches Problem an Bord ganzer Seglergenerationen zutage – das schlagende, lärmende Großsegel beim Setzen, Bergen oder Reffen, welches eigentlich harmlosen Situationen unnötig Dramatik verleiht. Je länger nämlich die Latten sind, desto weniger schlägt das Tuch, es bleibt meist ein Fächeln im Wind, bis das Schiff auf Kurs geht und das Groß mit einem entschlossenen »Plopp« Form annimmt. Rollgroßsegler können sich gar das In-den-Wind-Gehen für die Manöver sparen – der Rollmechanismus funktioniert sogar vor dem Wind.

Seglerisch sind die Unterschiede ähnlich vielfältig, vor allem durch das Profil und die Größe der Segel. Bei einem 37-Fuß-Schiff hat beispielsweise das Rollgroß eine Fläche von 32 Quadratmetern, während das Lattengroß mit 36 Quadratmetern eine mehr als 10 Prozent größere Fläche hat – das Standardgroßsegel mit kurzen Latten liegt dazwischen. In der Praxis wirken sich die stark unterschiedlichen Flächen vor allem auf raumen Kursen aus, wo die Genua durch das stark getwistete Profil ihre Vorteile nicht ausspielen kann. Auf Amwind-Kursen entscheidet vor allem ein homogenes Tragflächenprofil im Groß über die Segeleigenschaften des Schiffes. Mit durchgehenden Latten ist das Profil optimal, während sich die Segel mit unterschiedlichen Lattenlängen über Unterlieks- und Vorliesspannung sowie die Mastkurve justieren lassen. Das Rollgroß hingegen kann nur etwas für Segler sein, denen Performance nicht gar so wichtig ist: Da es gerollt werden soll, ist das Profil schon von Haus aus eher mäßig, die Vorliksspannung soll nicht reguliert werden und lediglich das lose Unterliek kann auf raumen Kursen bauchig getrimmt werden.

Der zusätzliche Komfort spiegelt sich im Preis. So liefert Bavaria seine 37 zum Beispiel mit einem einfachen Groß mit kurzen Latten. Für einen kompletten Selden-Rollmast mit Segel ist ein Aufpreis von gut 1500 Euro zu zahlen. Beim Lattengroß wiederum beträgt der Aufpreis knapp 1300 Euro inklusive Lazy-Jacks und druckresistenten Rutschern.

Die Varianten der durchgehenden Topplatten oder der mittellangen Latten hält bei diesem Schiff nur der Segelmacher bereit. Das Serien-Großsegel lässt sich jedoch aufgrund der scharf kalkulierten Komplettpreise der Yachten nicht einfach abbestellen. Wenn man es dennoch tut, ist die Gutschrift mit einigen hundert Euro lächerlich gering. Besser, man legt sich das im Komplettpreis enthaltene Segel für alle Fälle in den Keller, denn günstiger als zusammen mit dem Schiff bekommt man es bestimmt nirgends.

Rollsysteme

Bei Rollsystemen für das Großsegel kann der Schiffseigner zwischen verschiedenen Systemen wählen. Rollmasten lassen das Groß vertikal im Mast verschwinden, während der Rollbaum das Tuch horizontal im Baum aufwickelt. Die Basis der Systeme ist, wie beim Vorsegel auch, eine Stange mittig im Baum oder Mast, um die gerollt werden kann. Aus einem Schlitz in den Profilen kann das aufgerollte Segel schließlich bis zur vollen Größe herausgezogen werden, und das, ohne das Cockpit verlassen zu müssen.

Recht einfach wird es dem Segler beim Rollmast gemacht: Das Segel ist permanent hochgezogen und wird über den relativ kurzen Weg der Baumlänge ein- und ausgerollt. Das Unterliek wird lose gefahren, lediglich das Schothorn ist auf einem kugelgelagerten Rutscher montiert, der mit dem Ausholer nach achtern gezogen wird. Der Vorteil dabei ist, dass das Segel auf jedem Kurs gesetzt, geborgen oder gerefft werden kann. Gerade auf langen raumen Gängen wie der Passatsegelei muss in einer Böenwand nicht in den Wind gegangen werden, um die Fläche zu verkleinern. Zudem bleibt das Segel, soweit es sein Schnitt zulässt, im Profil über das lose Unterliek trimmbar.

Der Nachteil ist, dass sich waagerechte Latten nicht in den Mast rollen lassen und so auf eine große Achterlieksrundung verzichtet werden muss. Ausgefeilte Segelschnitte schaffen hier zum Teil Abhilfe, auch ins Achterliek senkrecht eingenähte Latten tragen ihren Teil dazu bei. Schwierig wird das Rollgroß häufig bei Großserienschiffen, bei denen ein Roll-

Die bequemste Alternative ist ein Rollmast, im Achterliek gehen damit jedoch bis zu 20 Prozent der Großsegelfläche verloren. Foto: Reissig

mast Standard ist: Die unter Preisdruck gefertigten Seriensegel verfügen über solche Kleinigkeiten nicht, was ein sehr flaches Profil und ein konkaves Achterliek mit dementsprechend verschlechterten Segeleigenschaften zur Folge hat.

Bei Baumreffsystemen wird das Segel traditionell entlang der Mastachterkante gesetzt und dabei aus dem Baum herausgerollt. Der Segelschnitt gewinnt zwar durch die nötigen durchgehenden Latten, ist aber nur begrenzt trimmbar, da das Unterliek im gerefften wie im ungerefften Zustand nicht durchgesetzt werden kann. Bei vollem Groß und wenig Wind kann es da schon einmal an Tiefe im Segel fehlen, bei Starkwind wird jeweils eine Latte mit eingerollt, die die Spannung des Unterlieks übernimmt. Damit das Segel über die gesamte Länge des Mastes sauber in den Baum läuft, sorgt ein beim Einrollen fester Baumniederholer für einen konstanten Winkel von ungefähr 90 Grad.

Die Ausrüstung mit Rollsegeln setzt in jedem Fall ein neues Großsegel voraus, das alte kann meist nicht umgearbeitet werden. Bis zu einer Vorliekslänge von zirka 12 Metern ist die Umrüstung auf einen Rollbaum problemlos möglich. Ab dieser Länge wird ein Rollmast die empfehlenswertere Entscheidung sein, da bei Horizontalreffsystemen das Vorliek in seiner ganzen Länge mit Keder in einer Nut läuft. Dennoch steht der Nutzen des Rollbaumes bei einem langen Mast im Gegensatz zu der größeren Arbeit beim Setzen in keinem guten Verhältnis.

Segelmaterial

Ein Segel setzt sich immer aus zwei entscheidenden Faktoren zusammen: dem Schnitt und dem Material. Einige Schnitte sind nur mit bestimmten Materialien überhaupt möglich, andere Materialien scheiden für bestimmte Einsatzzwecke aus, weil sie beispielsweise nicht UV-stabil sind. Für den Alltagseinsatz vom Wochenendsegeln bis zum Fahrtensegel oder der Vereinsregatta kommen meist Polyestertücher (Markennamen: Dacron und Polyant) zum Einsatz, die es natürlich in verschiedensten Qualitäten gibt. Das günstigste sind meist die als Standard von Großserienwerften gelieferten Segel. Sie sind billig, ordentlich gewebt und leicht geharzt. Häufig stehen sie anfangs ganz ordentlich, verlieren jedoch rasant an Festigkeit und Form. Häufig benutzen namhafte Segelhersteller für diese günstige Garderobe zudem ein anderes Logo im Segel, als sie es für teurere und privat in Auftrag gegebene Segel tun. Statt rot oder blau ist es beispielsweise schwarz.

Je teurer das Segel, desto schwerer und enger gewebt ist das Polyestertuch, eventuell ist es auch stärker geharzt, wodurch sich Stand und Haltbarkeit verbessern. In der Ausstattung werden zudem die Lattentaschen, Lieken und Ecken besonders verstärkt, sodass das Segel nicht so schnell verschleißt, reißt oder seinen Stand verliert. Klassischerweise wird ein Polyestersegel immer noch horizontal geschnitten, das heißt, Bahn an Bahn waagerecht von unten nach oben. Die Kette (der senkrechte Faden) und der Schuss (der waagerechte) in einem Gewebe stehen immer senkrecht zueinander, das Segel wird also entlang der Fäden einigermaßen ideal belastet. Für den normalen täglichen Einsatz ist das genug; ein Fahrtensegel kann bei guter Pflege locker zehn Jahre halten. Je schwerer das Tuch, desto länger hält das Segel, desto schlechter werden aber auch der Stand bei leichtem Wind und die Handhabung. Schwere Segel sind also für Langfahrten und kräftigen Wind sowie schwere Schiffe zu empfehlen, für Wochenendtörns über die Ostsee ist eventuell ein leichteres Tuch von Vorteil.

So ein Segel ist in Form, Gewicht und geringer Dehnbarkeit in Ordnung, aber nicht optimiert. Wer optimalen Stand möchte, kommt

Segel

um ein radial geschnittenes Segel, das aus mehreren Segmenten und vielen kleineren Tuchwinkeln besteht, nicht herum. So lassen sich in wenig belasteten Bereichen leichte Tücher einsetzen, am Segelkopf aber zum Beispiel solche mit einer extremen Reißfestigkeit. Durch den radialen Schnitt werden die Tuche immer entlang ihrer maximalen Belastbarkeit beansprucht.

Zumeist handelt es sich hier um spezielle Laminate mit einer Folie auf beiden Seiten und dem Gewebe in der Mitte. Bevorzugt werden für die Gewebe zum Beispiel Mylar-, Kevlar- oder Aramidfasern, die extrem leicht und reißfest sind. Ein komplettes Vorsegel aus Mylar/Kevlar für ein 44-Fuß-Schiff zum Beispiel kann man sich auf dem Weg zum Vorschiff fast unter den Arm klemmen, so leicht ist es. Leider ist es nicht sehr UV-beständig und verträgt Killen überhaupt nicht, sodass es einige Saisons vor einem Polyestersegel das Zeitliche segnet.

Auf dem Gipfelplateau der Segelmacherei in puncto geringem Gewicht und gutem Stand sitzt derzeit die Firma North mit ihren patentierten 3DL-Segeln. Hier wird jedes Segel indi-

Vormwind-Segel

*Die Vormwind-Segel Blister, Gennaker und Spinnaker (von links nach rechts) unterscheiden sich wesentlich in Schnitt und Handling.
Foto: Segelmacherei Beilken*

jedoch die geringe Lebenserwartung von ein bis drei Saisons das Hauptgegenargument beim Kauf. So bleibt 3DL vor allem Regattaseglern vorbehalten, die nicht allzu sehr aufs Geld schauen müssen.

Vormwind-Segel

Vor dem Wind ist eine große Segelfläche nur durch eines zu ersetzen: durch eine noch größere Segelfläche. Wenn Serienschiffe meist nur mit Rollgenua und Großsegel geliefert werden, bleibt der Segelspaß ab halbem Wind genauso schnell auf der Strecke wie die Geschwindigkeit, zumindest bei leichtem Wind. Abhilfe schaffen leichte Vorsegel, die zusätzlich fliegend vor dem Vorstag gesetzt werden. War dies früher nur der Spinnaker, so sind mit Gennaker und Blister neue Alternativen hinzugekommen. Die Frage ist nur: Welches Segel ist denn nun fürs Fahrtensegeln das Richtige?

viduell aus einem einzigen Stück ohne Nähte und Unterbrechungen hergestellt. Der große Vorteil daran ist die wirklich homogene, runde Segelform. Demgegenüber ist ein Bahnensegel geradezu eckig, wird es doch aus eigentlich zweidimensionalen Bahnen ähnlich eines Multiknickspanters zusammengesetzt. Je mehr Bahnen, desto runder wird das Segel.

3DL-Segel können in verschiedenen Materialien und Stärken von leichten Binnenrennern bis zu Offshore-Yachten individuell hergestellt werden. Neben dem immensen Preis ist

Wenn auf Fotos Regattaschiffe mit zehn Gorillas an den Winschen zu sehen sind, kann man leicht den Eindruck gewinnen, leichte Vorsegel seien ausschließlich für dieses Klientel geschaffen. Dabei bemühen sich die Segelmacher mit speziellen Allround-Schnitten um unspektakuläre Eigenschaften, die selbst kleinen Crews die Nutzung leicht möglich machen. Hinzu kommen Setz- und Bergehilfen wie eine Rollanlage oder der Bergeschlauch.

Spinnaker

Für die verschiedenen Einsatzzwecke sind vor allem die Schnitte interessant. Am vielseitigsten ist dabei der Fahrtenspinnaker, der mit seiner symmetrischen Form von vor dem Wind bis zu spitzen Halbwindsgängen extrem gute Leistungen liefert. Sein Luvliek muss jedoch immer mit dem Spinnakerbaum gehalten werden, und darin liegt gleichzeitig sein größtes Problem: je größer das Schiff, desto größer der Baum. Gerade für kleine Crews wächst damit auch das potenzielle Risiko, das von dem Baum ausgeht. Für ein Schiff mittlerer Größe sollten daher immer drei Personen an Bord sein, um während der Manöver die zwei notwendigen Schoten, den Baum und das Spinnakerfall zu bedienen. Zum Teil falsch ist der Eindruck, den Regattasegler vom Spinnaker vermitteln: Auf Fahrtenschiffen benötigt dieses Segel nicht permanente Aufmerksamkeit, wenn es mit einem gemäßigten Allroundschnitt geschneidert wurde. Etwas zu dicht gefahren, kann es stundenlang unbeachtet stehen. In seinen Trimmmöglichkeiten bietet der Spinnaker aber ambitionierten Seglern als Bonbon nahezu unbegrenzte Möglichkeiten, wenn der Kurs langweilig zu werden droht.

Gennaker

Dem Spinnaker am ähnlichsten ist der Gennaker (eine Wortkreuzung aus Genua und Spinnaker). Schothornhöhe und Schnitt stimmen nahezu mit diesem überein, jedoch ist der Gennaker asymmetrisch und kann damit auf den Spinnakerbaum verzichten. Zwar ist das Vorliek wie auch beim Spi noch stark gerundet, jedoch wird der Hals einfach mit einer Talje auf den Bugbeschlag geschoren. So bleibt das Vorliek trimmbar, der Hals kann auf Raumschotgängen nach unten, halbwinds oder höher nach oben gefahren werden. Ab halbwinds erfordert das Segel mit dem Beiholer eine zusätzliche Hilfe, damit der Hals nicht zu weit nach Lee ausweht. Bei einem

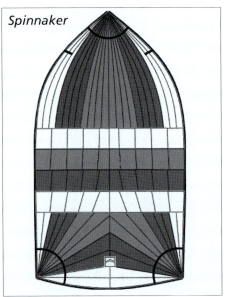

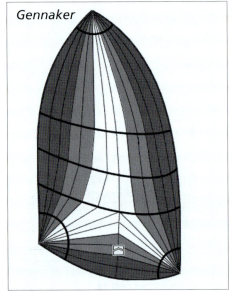

einfachen Drahtvorstag hält ein einzelner Stagreiter das Segel unten in Position; bei einer eingerollten Genua kann der Hals mit so genannten Klootjes oder speziellen Rollen wie der Blitroll auf der eingerollten Genua gefahren werden.

Für den idealen Stand des Segels eignen sich über Blöcke geführte Spinnakerschoten weit achtern am besten. Durch seine asymmetrische Form kann das Segel weder wie ein Spinnaker gehalst, noch wie eine Genua gewendet werden. Vielmehr wird der Gennaker in der Halse vollständig vorn um das Vorstag herum geschwenkt und auf der anderen Seite wieder dichtgeholt. Da der Hals nicht wie beim Spinnaker mit dem Baum nach Luv gefahren wird, fällt das Segel zwischen Raumschots und vor dem Wind in Lee des Großsegels ein. Platt vorm Laken kann es dann wieder wie eine Genua Schmetterling gefahren werden. Im Idealfall wird das Schothorn auf der dem Großsegel gegenüberliegenden Seite ausgebaumt.

Blister

Das am einfachsten zu fahrende große Vorsegel ist der Blister, der über ein relativ gerades Vorliek verfügt und wie eine Genua tief an Deck gezogen wird. Sein bevorzugter Kurs liegt ähnlich dem des Gennakers zwischen 50 und 140 Grad am scheinbaren Wind, wobei ihn sein festes Vorliek deutlich für höhere Kurse prädestiniert. Je raumer der Wind einfällt, desto mehr fehlt ihm das nach Luv hervorschauende, profilierte Vorliek eines Gen-

Dem Spinnaker am ähnlichsten ist der asymmetrische Gennaker, der auch auf raumen Kursen ohne Baum gefahren wird. Foto und Illustrationen: Segelmacherei Beilken

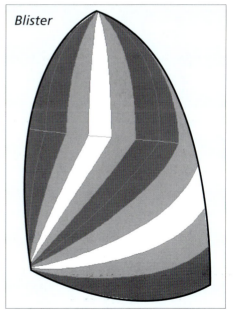

Segel

Das feste Vorliek prädestiniert den Blister für spitzere Kurse. Foto: Segelmacherei Beilken

nakers. Diese Besonderheit macht ihn jedoch von den frei gefahrenen Vorsegeln am unempfindlichsten; das einklappende Vor- beziehungsweise Luvliek ist für den Blister ein Fremdwort. Beeindruckend ist hingegen die Segelfläche, die der eines Spinnakers gleichkommt, denn der Blister wird wesentlich tiefer an Deck angeschlagen und mutet ein wenig wie eine riesige, überdimensionierte Halbwindsgenua an. Durch das tief liegende Schothorn und den tief angeschlagenen Hals ist die Sicht gegenüber Gennaker und Spinnaker nach vorn deutlich eingeschränkt. Vor dem Wind ist wiederum ein Spibaum hilfreich, um den Blister als Schmetterlingssegel auszubaumen.

Vor allem in Verbindung mit einer möglichen Rollanlage ist der Blister vom Handling die einfachste der beschriebenen Vorsegelvarianten, Trimmspezialisten kann es zuweilen sogar ein wenig langweilig werden. Zum entspannten Reisen auf Halbwindgängen und ein wenig raumer ist der Gennaker jedoch nicht zu überbieten, zumal seine gewaltige Fläche gerade bei leichtem Wind jedes Schiff zu ungewohnten Leistungen treibt.

Setz- und Bergehilfen
Nur für den Blister ist die Verwendung einer Rollanlage möglich, die frei fliegend vor dem Vorstag eingesetzt wird. Als Fall wäre ein Spinnakerfall ideal, ein Genuafall tut im Zweifel aber auch guten Dienst. Nur aus Stahl sollte es nicht sein, da es sonst durch die starke seitliche Belastung den Rollenkasten regelrecht aufsägt. Damit sowohl der Toppwirbel wie auch die Tautrommel am Hals frei drehen, sollte die Anlage vor der ersten Benutzung gut angepasst werden, eventuell ist eine Art Miniklüver notwendig, der die nötige Distanz zum Vorstag herstellt.

Als Bergehilfe für kleine Crews bietet sich ein Bergeschlauch an, der beim Bewältigen der Tuchmengen hilft. Zwar sind die aus Nylon gefertigten Segel vom Gewicht her leicht, aber mit einer Fläche von fast 90 Quadratmetern bei einem 37-Fuß-Schiff haben wir es immerhin mit der Größe einer mittleren Drei-Zimmer-Wohnung zu tun. In den Bergeschlauch werden die Segel einmal der Länge nach hineingezogen und dann als »Wurst« bis zu ihrem Einsatz unter Deck verwahrt. Zum Setzen wird der Schlauch samt Inhalt einfach mit dem Fall hinaufgezogen und dann mit einer Talje von unten nach oben

Setz- und Bergehilfen

geöffnet. Der zusammengezogene Schlauch ruht bis zum Bergen wie eine Socke im Topp. Dann wird die Leeschot losgeworfen, bis das Segel hinter dem Groß einfällt und der Schlauch wieder über das Vorsegel gezogen. Der Bergeschlauch kann ohne Angst vor aufgeblähten Segeln an Deck gefiert und verstaut werden.

SEGEL

Rollgenua
+ wenige Vorsegel nötig
+ kein Problem beim Bergen
+ Segelwechsel im Profil möglich

– große Profiltiefe in gerefftem Zustand
– größeres Gewicht am Vorstag
– kräftiger Achterstagspanner nötig
– loses Vorliek beim Segelwechsel

Standard-Großsegel
+ niedriges Gesamtgewicht
+ geringe Rutscherreibung

– Verschleiß an Lattenvorderkante
– Handling beim Setzen / Bergen

durchgelattetes Großsegel
+ stabiles Profil
+ dadurch längere Lebensdauer
+ große Segelfläche
+ ruhig beim Setzen und Bergen

– hohes Gewicht
– große Rutscherreibung
– Trimm im unteren Bereich

Groß mit durchgehenden Topplatten
+ große Segelfläche
+ reduziertes Gewicht
+ reduzierte Rutscherreibung
+ Trimm im unteren Bereich

– Handling beim Setzen und Bergen

Rollgroß
+ einfache Handhabung
+ Schutz gegen Witterungseinflüsse

– hohes Toppgewicht
– kleine Segelfläche
– geringe Trimmmöglichkeiten

Spinnaker
+ großer Einsatzbereich (60 – 180° am scheinbaren Wind)
+ freie Sicht nach vorn
+ für Regatten geeignet
+ im Bergeschlauch zu fahren
+ keine Beiholer/Halstaljen nötig

– Spinnakerbaum nötig
– Spinnakergeschirr nötig

Gennaker
+ Einsatzbereich 50 – 140 ° am scheinbaren Wind
+ kein Baum nötig
+ freie Sicht nach vorn
+ im Bergeschlauch zu fahren

– zusätzliche Halstalje
– Beiholer zum Vorstag nötig
– ohne Baum nicht vorwindfähig

Blister
+ Einsatzbereich 50 – 140° am scheinbaren Wind
+ kein Baum nötig
+ sehr große Fläche
+ mit Bergeschlauch zu fahren
+ mit separater Rollanlage rollbar

– keine freie Sicht nach vorn
– zusätzliche Halstalje
– Beiholer zum Vorstag nötig
– ohne Baum nicht vorwindfähig

18. Decksbeschläge

Die Beschläge sind in der Herstellung eines Schiffes ein gewaltiger Kostenfaktor. Hier lässt sich in der Produktion Geld einsparen, ohne dass man es auf den ersten Blick – sogar während der Probefahrt – merkt. Die Preispolitik ist häufig wie beim Auto: Alles funktioniert auch in der Grundausstattung, aber der Wagen hat nur vier Gänge, die Fenster sind zum Kurbeln und ein Schiebedach gibt es auch nicht. Übertragen auf ein Schiff sind das die Anzahl und die Qualität der Beschläge. Von den Winschen über die Blöcke bis hin zu zusätzlichen Hebelklemmen reichen die Zusatzausstattungen, ohne dass man es dem Schiff später ansieht, sondern nur im täglichen Einsatz merkt.

Winschen

Die Bedienung eines Schiffes ist auch immer das Managen von Kräften: je nach Größe der Yacht von einigen hundert Kilogramm bis hin zu mehreren Tonnen. Wie das zu machen ist, hat sich im letzten Jahrhundert der Yachtsegelei vor allem durch die Art der Beschläge geändert. Waren es Anfangs Taljen und Belegnägel, revolutionierten die Winschen die Segelei. Mit ihnen ließen sich gewaltige Kräfte aufbringen, jedoch musste für jede Leine eine eigene Winsch zur Verfügung stehen, belegt wurde auf einer Klampe dahinter. Regattayachten Anfang der Siebziger verfügten daher nicht selten über mehr als ein Dutzend Winschen, die über das ganze Schiff verteilt waren. Um diese Menge zu reduzieren, stellten sich Hebelklemmen als wahrer Segen heraus: Die Leinen ließen sich unter Last belegen, die Winsch war wieder frei für die nächste Aufgabe – aber je nach Aufgabe halt nur nacheinander, nicht gleichzeitig.

Egal, welches Schiff mit welcher Takelung man letztlich wählt, zur leichten Bedienung muss für jede Trimmleine auch wirklich eine Winsch samt Hebelklemme zur Verfügung stehen. Da gibt es bei den Herstellern eklatante Unterschiede: Die einen liefern neben zwei Genuawinschen zwei zusätzliche Fallwinschen auf dem Kajütdach, über die alle Trimmleinen, Strecker und Fallen gefahren werden und eine weitere am Mast für das Spinnakerfall. Andere Hersteller kommen auf dem gesamten Schiff mit zwei Winschen aus und suggerieren damit zugleich, dass wohl nicht so viel zu tun ist, ein Schiff mit vielen Winschen mithin ein Regattaschiff wäre. Meist ist aber das Gegenteil der Fall: Laufen die Genuaschoten aus Mangel eigener Winschen ebenfalls auf den Fallwinschen, sind diese für alle anderen Manöver blockiert.

Denn diese Aufteilung erscheint nur im ersten Augenblick sinnvoll. Erst später kommen die Probleme, wenn man hoch am Wind auf Steuerbordbug die Genuaschot auf der Winsch liegen hat und versucht, die Großschot ebenfalls mit der Winsch dichtzuholen: Jetzt muss man zuerst die Genuaschot in ihren speziell dafür vorgesehenen achteren Umlenkblöcken abklemmen und von der Winsch nehmen, ehe es weitergehen kann. Diese Art von Arbeit wird bei zu wenigen Winschen permanent der Fall sein, immer muss erst etwas abgeklemmt werden, bevor etwas anderes geholt werden kann. Damit streckt sich die Zeit der Manöver um den Faktor der fehlenden Winschen.

Wenn ein Blister oder Spinnaker als Extra geordert wurde, kommen im Cockpit weitere Leinen für die wenigen Winschen hinzu. Leider fehlt am Mast häufig die Winsch für dieses Fall, das wie der Toppnant einfach auf einer Klampe liegt. Für ein Schiff, das nur mit permanent gesetzter Rollfock und Rollgroß gefahren werden soll, können zwei Winschen eventuell durchaus genug sein. Ist die Yacht jedoch für ein konventionelles Groß und verschiedene Vorsegel vorgesehen, sind zwei weitere Winschen unbedingt sinnvoll, bei dem oben beschriebenen Spinnaker sind dann schließlich sechs ratsam, ohne dass man gleich eine Regattayacht daraus macht. Prinzipiell ist eine freie Winsch zu viel bestimmt nie von Nachteil.

Je mehr Wind und je größer das Schiff, desto größer müssen auch die Winschen sein. Viele Werften bieten Genua- und Fallwinschen an, die sich schon ab vier Beaufort als zu klein erweisen. Während der Probefahrt ist die Winschengröße einfach auszuprobieren: Auch für das schwächste Crewmitglied muss die Genua oder das Großfall durchzusetzen sein. Trotzdem sind die Winschen ein beliebter Punkt, um den Einstiegspreis eines Schiffes niedrig zu halten, obwohl gerade hier das Sparen nahe an die Seesicherheit geht. Für ein 47-Fuß-Schiff kosten zum Beispiel die nächstgrößeren Genuawinschen (Lewmar 58 statt 54) gerade einmal 1000 Euro Aufpreis.

Um die Möglichkeiten einer Winsch ideal nutzen zu können, bieten sich ab ungefähr 25 Fuß bei Genuawinschen und ab zirka 30 Fuß auch bei den Fallwinschen die selbstholenden Varianten an. Nur so ist es möglich, die maximale Kraft mit beiden Händen auf die Kurbel zu bekommen, ohne mit einer Hand noch die Leine abziehen zu müssen. Bei einer kleinen Crew mit einem großem Schiff (ab 45 Fuß) sind elektrische Winschen zum Teil hilfreich: Zuerst sollte es eine Manöverwinsch auf dem Kajütdach zum Segelsetzen und Reffen bei schwerem Wetter sein, bei Yachten ab 55 Fuß und einer Zwei-Mann-Crew benötigen dann auch die Genuawinschen elektrische Unterstützung. Die Aufpreise sind aber auch hier jedes Mal gewaltig; die vorher beschriebenen Genuawinschen schlagen elektrisch noch einmal mit gut 9000 Euro Aufpreis zu Buche, was fast fünf Prozent des gesamten Standardpreises der Yacht ausmacht.

Je mehr Segel gefahren werden, desto mehr Winschen sind auch an Bord nötig. Foto: Reissig

Decksbeschläge

Hebelklemmen müssen sich auch unter geringer Last immer einfach öffnen lassen. Foto: Reissig

Serienmäßig werden Yachten zumeist mit einer bestimmten Marke ausgestattet, aber zwischen den Marken herrschen vor allem bei der inneren Reibung gewaltige Unterschiede. Wichtig ist die Art der Lagerung von Trommel, Zahnrädern und Welle, um ein möglichst gutes Verhältnis zwischen Eingangs- und Ausgangsleistung zu haben. Der amerikanische Hersteller Harken lagert jedes bewegliche Teil seiner Winschen mit reibungsarmen Kugeln, während andere Hersteller lediglich Gleitlager verwenden. Daher kann eine optimale Winsch eventuell sogar eine Nummer kleiner ausfallen, als eine größere mit großer innerer Reibung.

Eine große Erleichterung beim Trimmen des Schiffes sind kräftige und ausreichend große Hebelklemmen. Sie sollten sich auch unter Zug ohne großen Kraftaufwand leicht öffnen lassen und vor allem aber richtig an die Tauwerksstärken angepasst sein. Gerade die Fallen von Genua und Großsegel machen hier gerne Probleme: Für die großen Klemmen ist das Material häufig zu dünn, sodass das Fall bei starkem Zug auf den letzten Zentimetern durch die Klemme rutscht.

Reibung

Jede Winsch arbeitet nur dann wirklich sinnvoll, wenn die Reibung bei Schoten, Streckern und Fallen möglichst gering ist. Natürlich kann man bei kräftigem Wind mit großen Winschen viel wettmachen, Reibungsreduktion macht aber auch bei wenig Wind schon Sinn, wenn viele Arbeiten einfach ohne Winsch erledigt werden können. Natürlich halten die serienmäßigen Blöcke und Klemmen meist genug aus, um der normalen Wochenendsegelei über Jahre gerecht zu werden; leichtgängige Leinen fasst man aber einfach lieber an. In der Praxis kann das den Unterschied zwischen einem gut oder schlecht eingetrimmten Segel, beziehungsweise dem rechtzeitigen oder zu späten Reffen ausmachen.

Jede Ecke, die eine Leine nehmen muss, ist ein potenzieller Reibungspunkt. So müssen nach achtern umgelenkte Fallen zusätzlich zur Umlenkrolle im Masttopp am Mastfuß um mindestens 90 Grad umgelenkt werden, ehe sie in den Hebelklemmen enden. Beim Unterliekstrecker kommt noch ein weiterer Block im Baum hinzu, Schnellreffleinen führen zudem durch eine Kausch oder einen Block im Großsegel, bei Einleinenreffsystemen verdoppeln sich sogar die Leinen und damit die Reibungspunkte. Wem also Schoten und Strecker beim Manöver zu schwergängig erscheinen, der sollte sein Schiff an allen möglichen Umlenkpunkten mit kugelgelagerten Blöcken versehen; sogar kugelgelagerte Blöcke, die ins Großsegel eingenäht

Reibung

Anders als auf dem Foto entsteht die meiste Reibung in schlecht gelagerten Rollen bei nach achtern umgelenkten Leinen. Foto: Proctor/Sailtec

werden, gibt es mittlerweile. Der Unterschied zu Standardblöcken kann sich in der Addition gewaltig ausnehmen, sodass sich scheinbar schwere Lasten auf einmal mit der Hand ziehen lassen.

Dasselbe gilt bei 9/10-Riggs für den Achterstagspanner, der für einen vernünftigen Riggtrimm großen Zug aufbringen muss und bei Schiffen unter 40 Fuß gern als Talje mit Curryklemme geschoren ist. Allzu häufig genügen hier die von den Werften angebotenen acht- oder zehnfach geschorenen Taljen-Lösungen nicht und müssen durch reibungsärmere und besser untersetzte Systeme ersetzt werden.

Idealerweise sollte übrigens die Rollreffleine für die Genua über das Vordeck und den Aufbau in eine Hebelklemme geführt werden. Auch wenn sich dadurch auf dem Vorschiff eine Stolperfalle ergibt, ermöglicht diese An-

ordnung doch zumindest ein vernünftiges Einrollen. Die normalerweise angebotene Lösung, die Rollleine an den Relingsstützen entlang auf die Genuawinsch zu leiten, kann nur eine halbe Lösung sein. Schließlich ist dann das Reffen nur auf einem Bug möglich und das zeigt ein wenig die Hilflosigkeit beim Umgang mit dieser schwierigen Leine: Der Ankerkasten soll sich noch öffnen lassen, auf dem Vordeck darf niemand stolpern und trotzdem soll sie auf einer Winsch enden.

Sinnvollerweise sollten alle zu ändernden Umlenkungen, Blöcke und Klemmen gleich beim Kauf mit eingeplant werden und das vor allem dann, wenn das Budget begrenzt ist. Denn hochwertige Blöcke von Harken oder Frederiksen kauft man nicht mal so eben zum Nachrüsten nach. Je nach Schiffsgröße kommen da drei- bis vierstellige Beträge zusammen – pro Stück! Bei einem 40-Fuß-Schiff sind schnell 5000 Euro mehr ausgegeben, ohne dass man von der Werft für die Standardblöcke eine nennenswerte Gutschrift bekommt.

Für die Curryklemmen beim Traveller oder den Baumniederholer gilt natürlich dasselbe. Sind sie reibungsarm umgelenkt, muss zum Einstellen zumeist nicht eine Winsch bemüht werden, aber die Klemmen sollten eben sehr gut sein. Dabei gilt, dass alles, was nach Regattasegeln aussieht, meist auch sehr gut funktioniert. Deswegen wird Ihr neues Schiff nicht gleich eine kompromisslose Rennyacht, sondern umgekehrt ist es richtig. Regattasegler fassen alle Leinen viel häufiger an und hassen Dinge, die nicht richtig funktionieren, insofern können gute Beschläge auch auf einem Fahrtenschiff nicht von Nachteil sein – und die Segelfreude nimmt definitiv zu.

Großschot

Die Führung der Großschot ist eines der umstrittensten Themen überhaupt. Die Angstsituation ist immer die freiwillige oder ungewollte Halse: Was passiert der Crew, wenn der Wagen des Travellers quer durchs Cockpit rauscht? Während die Großschot bei kleineren Schiffen einfach auf dem Cockpitboden in einem Fußblock mit Curryklemme landet, muss sie bei größeren und vor allem breiteren Yachten auf einer Travellerschiene laufen, um den Holepunkt gegen zu große Krängung nach Lee fahren zu können.

Die Anordnung der Schiene ist immer eine Frage des Großsegelholepunktes: Je weiter achtern am Baum die Schot ansetzt, desto geringer ist die Kraft, mit der die Großschot dichtgeholt werden muss. Für die kleinere Kraft verantwortlich sind die Länge des Baumes und der Hebel zwischen Lümmelbeschlag und dem Punkt, an dem die Großschot wirkt. So lässt sich eine Großschot, die an der Baumnock angreift und mehrfach als Talje geschoren ist, auch bei Schiffen weit über 30 Fuß noch mit der Hand holen. Zwar sind die Kräfte an der Schot verhältnismäßig gering, proportional dazu wird aber natürlich auch der Weg der Großschot länger. Durch die Befestigung am Ende des Baumes sind gerade in der Halse riesige Mengen an Schot durchs Cockpit unterwegs, die sich gerne mal an der Pinne oder der Steuersäule verhaken können.

Sehr beliebt sind – vor allem auf Yachten, die auch im Charter laufen – daher Schotanordnungen, die den Traveller aufs Kajütdach verbannen. Hier kann er bei einer Patenthalse nur minimalen Schaden anrichten. Doch der Holepunkt ist um ein mehrfaches schlechter als achtern, da die Schot jetzt auf halber Länge des Baumes oder, bei einem weit öffnenden Schiebeluk, sogar noch weiter vorn angreift. Die zur Bedienung nötigen Kräfte sind derartig hoch, dass sie zumeist nur noch über die Fallwinschen bewerkstelligt werden können, ein feinfühliges Dichtholen und Fieren ist mithin unmöglich. Zudem biegt sich der Baum durch den mittigen Zug teilweise stark nach unten durch. Der Rudergänger hat auf die Großschot keinen Einfluss mehr. Beginnt das Schiff bei kräftigem Wind aus dem Ruder zu laufen, ist er auf zusätzliche Crew angewiesen, die bei Bedarf die Großschot fiert. Auch der Hebel an der Travellerschiene ist entsprechend schlechter und der Schlitten ist nur noch über die Winschen zu bedienen. Die Kräfte werden dabei so hoch und der Holepunkt auf die seitlichen Blöcke und Curryklemmen dabei so ungünstig, dass die beweglichen Teile häufig frühzeitig ihren Dienst versagen und der Traveller einfach in der Schiffsmitte festgezurrt wird. Anders als bei einer Anordnung im Cockpit werden die vertikalen Kräfte auf den Traveller sehr hoch,

Ein Traveller auf dem Kajütdach verlangt viel Kraft an der Großschot und verstärkt die Krängung. Foto: Reissig

sodass eine einfache, unverstärkte Schiene eventuell zu wenig sein kann. Bemerkbar macht sich dies im Seegang, wenn die Schiene beginnt nach oben durchzufedern.

Für die Performance ist die Höhe über dem Drehpunkt des Schiffes trimmtechnisch problematisch, denn je höher die Holepunkte der Schot liegen, desto mehr wird das Schiff in einer Bö krängen. Befindet sich der Fußpunkt der Schot auf dem Dach eines Deckshauses oder einem Bügel über dem Cockpit, verschlimmert das die Situation zusätzlich, früheres Reffen und geringerer Speed sind die Folge.

Damit soll der Holepunkt auf der Kajüte nicht verteufelt werden. Bei modernen Fahrtenyachten hat sich die relativ gefahrlose Bedienung durchaus durchgesetzt. Wer jedoch optimale Leistung von seinem Schiff erwartet, der sollte sich vielleicht mit einem Traveller im Cockpit arrangieren, auch wenn er täglich mehrmals darüber hinwegsteigen muss. Bei Mittelcockpitschiffen ist außer der Höhe über Deck der Holepunkt am Baum fast nie von Bedeutung. Das Baumende und das Cockpitende liegen meist sehr dicht beisammen, sodass der Traveller für den Rudergänger gut zu bedienen auf dem achteren Cockpitrand läuft.

Anker

Die Technik rund ums Ankern ist ein sehr sensibler, wenn auch häufig vernachlässigter Bereich. Je nach Windstärke, Schiffsgröße und Ankergewicht hat man es immer mit immensen Kräften und dem unnachgiebigen Material Stahl zu tun: Schließlich hängt das ganze Schiffsgewicht am Anker, und der Anker selbst und die Kette sind aus Stahl, deren Falschbehandlung unmittelbar große Verletzungen oder Schäden hervorruft.

Mit dem falschen Anker sind die Schäden im Gelcoat programmiert. Foto: Reissig

Nun soll das nicht heißen, dass auf das Ankern verzichtet werden soll, ganz im Gegenteil. Vielmehr ist entscheidend, dass alle wichtigen Teile auch wirklich zusammenpassen, nämlich Anker, Ankerkasten, Bugbeschlag, Kette und Winde. Für die Ankermechanik gibt es drei Betriebszustände, die funktionieren müssen: Das Ankermanöver, das Vor-Anker-Liegen und das Wegstauen. Bei kleineren Yachten ist wegen des geringen Ankergewichtes zumeist kein Bugbeschlag vorgesehen, der Anker wird im Kasten einfach oben auf die Kette oder die Leine gelegt und zum Ankern herausgeholt. Der Kasten erfüllt zumeist eine gewisse Mindestgröße, und am Bug ist idealerweise eine Rolle vorgesehen, durch die das Geschirr weggefiert und

Decksbeschläge

Der Anker muss beim Wegfieren und Aufholen ohne zu haken laufen. Foto: Reissig

geholt werden kann, ohne das Schiff zu beschädigen.

Ab 10 Metern Schiffslänge werden die Anker so schwer, dass ein spezieller Bugbeschlag vorgesehen ist, der den Anker aufnimmt. Viel Auswahl hat man zumeist nicht, wenn es um die Wahl des Ankertypen geht, weil schlicht nur eine bestimmte Sorte hineinpasst. Möchte man einen anderen Anker haben oder den von seinem letzten Schiff mitbringen, kann es schwierig werden. In Ruhestellung muss der Anker so gut passend und logisch im Beschlag liegen, dass er neben einem Sicherheitssplint eigentlich nicht zusätzlich befestigt sein müsste. Das heißt, dass auch bei Bewegung in der Welle keine Flunke ins Gelcoat

schlägt, der Anker nicht klappert und vor allem die Trommel der Rollgenua nicht behindert. Häufig kommt der Anker erst weit nach der Genua an Bord und liegt dann so unglücklich, dass er die Trommel beschädigt oder sich beim Wegfieren darunter verklemmt: Gerade wenn beim Über-Bord-Fieren der Schaft achtern ansteigt, muss unter der Trommel genügend Platz sein und der Anker muss ohne Treten und Schieben über Bord gleiten. Besonders problematisch können in diesem Zusammenhang aufwändige Kippbeschläge sein, durch die der Schaft zusätzlichen Platz benötigt.

Beim Ankeraufgehen kommt es im Ankerkasten auf die nötige Fallhöhe für die Kette an. Die kann eigentlich nicht groß genug sein, ungefähr ein Meter unter der Kettennuss ist absolutes Minimum. Sonst bildet sich unter der Winsch eventuell ein Haufen, die Kette verkantet unter der Nuss und muss wieder herausgeholt werden. Gerade diese Arbeiten sind immens gefährlich, besonders wenn der Anker noch Zug und sich die Kette auf Spannung verkeilt hat. Ob mit einer manuellen oder elektrischen Winde: Eine gute Kombination von Ankerkasten, Kette und Winde zeichnet sich dadurch aus, dass die Kette selbsttätig im Kasten verschwindet und genauso selbsttätig wieder hervorkommt. Auch hier gilt, dass das schwächste Crewmitglied immer in der Lage sein muss, die Technik zu bedienen. Alles, was nur mit viel Kraft funktioniert, ist schlecht aufeinander abgestimmt. Achten Sie auch auf das Windenfundament. Wenn das ganze Podest anfängt zu schwingen, ist das Material in diesem Bereich eventuell ein wenig zu dünn dimensioniert. Auch müssen sich unter den Befestigungsschrauben der Winde bei GfK- und Holzschiffen immer kräftige Druckverteiler-Bleche befinden,

sonst arbeiten sich die Schrauben bei häufigem Ankern einfach durch das Material.
Wenn Sie übrigens die Ankermechanik gerade ausprobieren, können Sie auch gleich sehen, ob die Yacht vor Anker Ihren Vorstellungen entspricht. Kurzkielige und flache Schiffe mit hohen Aufbauten liegen zumeist fürchterlich unruhig an der Kette und segeln bei kräftigem Wind unaufhörlich hin und her. Das kann das Leben an Bord sehr beschwerlich machen, vor allem, wenn die Fahrtgebiete auf häufiges Ankern ausgelegt sind. Je gemäßigter die Yacht unter Wasser ist, je niedriger das Freibord und die Aufbauten und je weiter achtern der Mast steht, desto ruhiger liegt das Schiff in der Bucht.

Ankertypen und Zubehör
Die Diskussion, welchen Anker man nun idealerweise benutzt, ruft bei fünf Befragten garantiert 15 verschiedene Meinungen hervor. Möchte man einmal eine Nacht in einer Bucht verbringen, sollte das Schiff jedoch absolut sicher liegen. Dafür ist eine gewisse Ankergröße unerlässlich, wie sie beim Stopp für einige Stunden in einer Badebucht nicht nötig ist.

Seit dem klassischen Stock- oder Admiralitätsanker sind unzählige Typen auf den Markt der Sportschiffe gekommen, die in Tests alle mehr oder minder gut halten. Das Wichtigste ist dabei, dass sie sich möglichst schnell möglichst tief eingraben. Das geschieht immer dann, wenn auf einer Flunkenspitze des Ankers ein möglichst großes Gewicht lastet, sich die Flunke bei Zug also zwangsweise in den Grund ziehen muss. Erfahrungsgemäß haben dabei starre Anker wie der Bügel-, der Spade- oder der Bruce-Anker starke Vorteile. Jede bewegliche Kons-

Wichtig ist ein großer Hebel, der auf die Spitze des Ankers wirkt. Starre Konstruktionen, wie dieser Bügelanker, graben sich am besten ein (hier im Trockenen). Foto: Kaczirek

truktion weicht dem Eingraben mehr oder minder stark aus. Das lässt sich schon auf einem Stück Teppich ausprobieren: Jeder Anker, der sich bequem darüber ziehen lässt, wird auch unter Wasser schwerer einzugraben sein, als einer, der sich mit einer Flunke im Teppich verhaken will. Da kann die Geometrie wichtiger sein als das Ankergewicht, was auf jedem Schiff samt Kette am denkbar ungünstigsten Punkt am Bug gelagert wird. Achten Sie beim Kauf patentierter Anker auf das jeweilige Original: Ein Anker, der ein Patent umgeht und nur ähnlich aussieht, darf rechtlich nicht die gleiche Geometrie haben und hat damit auch andere, nicht vorhersehbare Eigenschaften.

Um das Gewicht im Bug so gering wie nötig und die Haltekraft so hoch wie möglich zu haben, lohnt sich auch bei Kette, Winde und Schäkeln das Näher-Hinsehen: So kann eine 6-mm-Kette mit definierter Bruchlast mehr Last halten als eine 8 Millimeter starke von einem No-Name-Hersteller. Wählt man zudem eine Niro-Ausführung, geht die Bruchlast noch einmal nach oben.

Da Ketten immer nur so stark sind wie ihr schwächstes Glied, muss auch der Schäkel zwischen Kette und Anker die gleiche garantierte Bruchlast wie die Kette haben: Nimmt man irgendeinen Schäkel der passt, kann man sich die teuerste Kette sparen. Auch die Ankerwinde muss natürlich für das Bootsgewicht ausgelegt sein – nimmt die Werft aus Preisgründen eine kleinere, kollabiert sie eventuell beim ersten Ankermanöver in tieferem Wasser. Hier lohnt sich eine Nachfrage beim Hersteller der Winde, ob sie wirklich für das Schiff gerechnet wurde.

DECKSBESCHLÄGE

Beschlagskriterien
- in ausreichender Zahl vorhanden
- gut dimensioniert
- einfach zu bedienen
- geringe Reibung
- optimale Leinenführung

Traveller im Cockpit
+ besserer Winkel zum Dichtholen
+ weniger Kraft notwendig
+ feinfühlig trimmbar
+ eventuell keine Winsch nötig
+ vom Rudergänger erreichbar

– große Schotmengen
– Cockpit durch den Traveller geteilt
– potenzielle Verletzungsgefahr

Traveller auf dem Kajütdach
+ keine Störung im Cockpit
+ weniger Verletzungspotenzial
+ geringere Schotlänge

– ungünstiger Winkel am Baum
– hohe Bedienkräfte
– Winsch notwendig
– verstärkt die Krängung
– nicht vom Rudergänger erreichbar

Ankerkriterien
- Anker und Bugbeschlag müssen zusammenpassen
- Rollgenua darf nicht behindert sein
- muss selbsttätig ein- und auslaufen
- ausreichende Fallhöhe für die Kette
- kräftiges Winschfundament
- Druckverteilerbleche unter den Schrauben

19. Die Maschine

Bei Schiffen mit Einbaudieseln teilen sich Hersteller und Verkäufer argumentativ in zwei klare Lager: Die einen bevorzugen die klassische Wellenanlage, die anderen setzen voll auf den scheinbar fortschrittlicheren Saildrive. Tatsache ist, dass sich die beiden Systeme sowohl in der Manövrierfähigkeit des jeweiligen Schiffes unterscheiden, als auch in ihrer Tauglichkeit für Langfahrten. Die bessere Geräuschdämmung und die geringeren Vibrationen als Argument für den Saildrive scheinen dabei de facto nur eine untergeordnete Rolle zu spielen: Wie ist es sonst zu erklären, dass eine Hallberg Rassy 31 mit Saildrive fährt, die 37 derselben Werft aber mit fester Welle? Bei Bavaria ist dieser Wechsel in einer größeren Klasse zu beobachten: Die 44 bekommt noch den Saildrive, eine 49 hingegen wird mit starrer Welle geliefert.

Saildrive oder Welle

Die Wahrheit scheint vielmehr in den Einbaumaßen zu liegen. Eine starre Welle braucht wesentlich länger, ehe der Propeller endlich einmal im Wasser angekommen ist, als ein Saildrive, bei dem er sich quasi unterhalb des Getriebes befindet. Doch die Welle sollte nicht zu steil stehen, denn der Wirkungsgrad ist von der Wellenneigung direkt abhängig. Je waagerechter sie steht, desto besser. Auch die Form des Rumpfes spielt stark in die Auswahl hinein. Ein tiefer Rumpf, der zum Ruder steil ansteigt, wie der einer Hallberg Rassy, lässt sich sehr einfach mit einer Wellenanlage bestücken. Ein sehr flacher hingegen einfacher mit einem Saildrive. Der Austrittswinkel spielt dann keine Rolle mehr.

Für den Konstrukteur ist die Wahlmöglichkeit zwischen den Konzepten ein wahrer Segen. Der Saildrive erlaubt eine sehr variable Raumgestaltung, was vor allem bei Schiffen unterhalb von 40 Fuß von unschätzbarem Wert ist. Mit einer langen Propellerwelle würde der Motor sonst häufig unter dem Salontisch stehen. Dank des Saildrive rückt er wieder unter

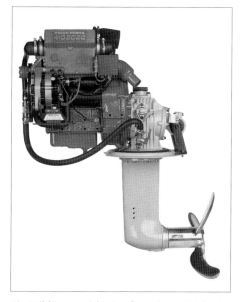

Ein Saildrive verzichtet auf eine lange Welle, der Propeller befindet sich nahezu unter dem Getriebe. Foto: Volvo Penta

Die Maschine

Verkehrte Welt im Dehler-Motorraum: Der Motor liegt hinter dem Saildrive.
Foto: Dehler Deutschland GmbH

den Niedergang, gewichtsmäßig nicht ganz glücklich, aber für die Einrichtung ist er aus dem Weg. Der Innovationshersteller Dehler geht gar noch einen Schritt weiter und montiert bei der 29 und 33 den Motor hinter den Saildrive, um die Niedergangsstufen flach zu halten. Wenn man das erste Mal den Motorraum aufklappt, ist man entsprechend verwirrt: Statt Keilriemen und Wasserpumpe begrüßt einen das Getriebe, der Motor steht andersherum dahinter.

Was nun unter Segeln oder Motor sinnvoller ist, ist umstritten. Saildrivegegner behaupten, dass vor allem bei einem Aufprall der Schaden größer ist, weil immer auch gleich der ganze Motor mit bewegt wird. Motorhersteller Volvo Penta konterte dagegen mit Aufprallversuchen, die den Motorlagern auch bei schneller Fahrt die nötige Haltbarkeit bescheinigten. Auf der Negativseite der Welle findet sich dagegen das Risiko, dass sie bei Aufprall samt Wellenbock verbiegt und damit nicht mehr drehen kann, oder dass sie

schlicht nach hinten aus dem Rumpf rutscht, wenn man mit dem Rückwärtsgang zu unsanft umgeht. Alles Schäden, die nicht unbedingt selten vorkommen.

Langfahrtsegler haben mittlerweile noch einen ganz anderen, wesentlichen Unterschied entdeckt: Die Technik des Saildrive-Antriebes befindet sich nämlich zum Teil unter Wasser und ist mithin sehr schlecht zu warten. Bei einem Wellenantrieb hingegen ist die gesamte Technik im Trocknen – lediglich die Stopfbuchse und das hintere Wellenlager sind unter Wasser. Den Unterschied kann schon eine überfahrene Angelsehne ausmachen, die beim Saildrive den unter Wasser liegenden Simmerring zerstören kann, über den dann Wasser in das Öl dringt. Zwar sind solche Schäden selten, aber auch nur auf dem Trocknen zu reparieren. Auch für einen kleinen Getriebeschaden muss eine Saildrive-Yacht immer an Land gehoben werden, da das Getriebe meist komplett mit Saildrive und Manschette ausgebaut wird.

Beim Fahren unter Maschine haben beide Systeme schließlich auch unterschiedliche Charaktere, was allerdings nur auf die Position des Propellers zurückzuführen ist. Der Saildrive befindet sich meist um einiges weiter vorn als der Propeller einer starren Welle. Dadurch ist der Radeffekt beim Rückwärtsfahren wesentlich weniger zu spüren, denn der Propeller liegt näher am Drehpunkt des Schiffes. In der Vorwärtsfahrt relativiert sich dieser Vorteil, denn der Propellerstrom kommt nur zeitverzögert beim Ruderblatt an. Umgekehrt ist es bei einer starren Welle: Vorwärts ist die Distanz zum Ruderblatt klein, rückwärts jedoch der Radeffekt stärker spürbar.

Ganz gleich, was man selbst bevorzugt: Ab einer bestimmten Schiffsgröße setzt die Technik die Grenzen für einen Saildrive. Bei Bukh-

Ein gut angepasster Motor bringt das Schiff leicht auf Rumpfgeschwindigkeit. Foto: Reissig

Diesel ist zum Beispiel ab knapp 49 PS (36 kW) keiner mehr zu haben, bei Yanmar ist schon bei 38 PS (28 kW) Schluss und Volvo zieht seine Obergrenze bei 53 PS (39 kW). Zukünftig sollen längere Saildrives dann bis zu 78 PS vertragen. Für die Hersteller also mehr als Politik, in welches Schiff sie welchen Motor einbauen. So tut der 53 PS starke Volvo Penta in der Hallberg-Rassy 37 seinen Dienst, Bavaria begnügt sich mit der gleichen Maschine bei seiner 44.

PS und Propeller

Bei der Auswahl der Größe einer Maschine geht es nicht um diese allein – die Entscheidung muss immer im Zusammenhang mit dem richtigen Propeller fallen. Egal ob Serienschiff oder Einzelbau – häufig genug stimmen die mit der Einbaumaschine erzielten Geschwindigkeiten nicht mit der theoretisch erreichbaren überein. Entweder dreht die Maschine voll aus, ohne dass die Kraft umgesetzt wird, oder sie erreicht nicht einmal die Nenndrehzahl. Spätestens an diesem Punkt stellt sich der Segler die Frage nach der wirklich idealen Maschine für sein Schiff – schließlich ist es heute möglich, auch bei Flaute zügig voranzukommen und dabei nicht allzu viel Sprit zu verbrauchen.

Aussagen wie viel PS oder Kilowatt pro Tonne zur Verfügung stehen, sind da wenig hilfreich. Schon die Frage, wie schwer das eigene Schiff tatsächlich ist, kann kaum jemand richtig beantworten. Die Gewichtsangaben der Werften sind häufig geschönt und beziehen sich fast ausschließlich auf das leere Schiff, wobei mindestens Mannschaft, Proviant, Ausrüstung, Tankkapazitäten und Ähnliches auf das Leerschiffsgewicht plus ein Zuschlag für nicht korrekt angegebenes

Die Maschine

Gewicht von mindestens 10 Prozent addiert werden. Aber selbst dann ist eine Aussage wie viel Kilowatt pro Tonne zur Verfügung stehen, nur ein erster Näherungswert.
Bei einem PKW mag das Leistungs-/Gewichtsverhältnis direkte Vergleichsmöglichkeiten geben, da die Rahmenbedingungen gleich sind. Wenn aber ein Schiff durch das Wasser bewegt werden soll, benötigt man dafür wie unter Segeln eine bestimmte Kraft, um die verschiedenen Widerstände des Schiffes zu überwinden. Diese setzen sich immer aus unterschiedlichen Faktoren zusammen, zum Beispiel dem Windwiderstand hoher Aufbauten und Rümpfe, die sich nicht im relativ geringen Fahrtwind, wohl aber bei kräftigem Wind gegenan deutlich bemerkbar machen. Unter Wasser wirken der Reibungswiderstand, der durch die benetzte Fläche entsteht, oder – wesentlich bedeutsamer – der Wellenwiderstand, der vor allem bei hohen Geschwindigkeiten eine tragende Rolle spielt und ein Schiff in seinem Wellensystem festhalten möchte (siehe auch »Stabilität und Hydrodynamik«). All diese Faktoren sind von Schiff zu Schiff verschieden, sodass sich die Leistung der Maschine ohne eine aufwändige Berechnung nicht bestimmen lässt.
Vor allem bei Einzelbauten beruhen die Motorgrößen zumeist auf den Erfahrungen der Werftherren; wird dann ein kleineres oder größeres Schiff gebaut, kann die Motorisierung komplett danebenliegen. Mit welchem Verfahren der Widerstand berechnet wird, kann daher nur einem erfahrenen Konstrukteur oder Propellerbauer überlassen werden.
Motor und Propeller gehören untrennbar zueinander: Der optimale Propeller unter dem Schiff sorgt dafür, dass sich die Yacht auch entsprechend der Leistung fortbewegt. Entscheidend ist für den Propeller neben seiner Form oder Blattzahl das Arbeitsumfeld und sein daraus resultierender Durchmesser, denn nicht jede Schraubengröße kann einfach unter dem Rumpf montiert werden. Um möglichst viel Wasser von vorn ansaugen und nach hinten wegdrücken zu können, muss er möglichst frei unter dem Schiff montiert sein. Das so genannte Druckfeld, das er um sich herum aufbaut, darf so wenig wie möglich auf Widerstand stoßen. Bei einem klassischen Langkieler wird also seine Größe durch den Ausschnitt in der Kielachterkante vorgegeben, bei einem Kurzkieler darf der Abstand zum Rumpf nicht zu klein werden.
Aus all diesen Randbedingungen legt der Konstrukteur im Idealfall die Steigung, die Blattzahl und die Drehzahl des Propellers fest, danach die Übersetzung des Getriebes und schließlich die notwendige Leistung der Maschine. Optimal wäre ein möglichst kleiner Motor, der seine maximale Leistung auch wirklich in Speed umsetzt, um nicht auf Verdacht die nächstgrößere Maschine einzubauen. Abgesehen vom Mehrgewicht geht es ja auch um einen gehörigen Aufpreis; der Unterschied zwischen einem 53-PS-Volvo Penta und der größeren 72-PS-Version kann schon um die 2000 Euro betragen, bei einem günstigen 44-Fuß-Schiff ist das ein Prozent des gesamten Kaufpreises.
Den idealen Weg zu gehen und über die Randbedingungen den nötigen Propeller und schließlich die optimale Maschine festzulegen, ist bei Serienschiffen zumeist nicht möglich. Meist sind nur die Standardmaschine und eine größere alternativ vorgesehen, hier hilft nur, für die vorhandene Leistung den idealen Propeller zu finden. Meist spielen die Motoren ihre maximale Leistung nicht aus – wie auch, wenn der zum Motor gehörende Propeller an verschiedene Hersteller geliefert

wird und sehr verschiedene Schiffstypen antreiben soll.

Standardpropeller sind in ihrem Gesamtwirkungsgrad in Zusammenhang mit dem Schiff meist extrem schlecht und überschreiten kaum die 25-Prozent-Marke. Gute Propeller erreichen jedoch ohne weiteres Wirkungsgrade zwischen 30 und 50 Prozent. Als Standard werden die meisten Yachten mit zwei- oder dreiflügligen Festpropellern ausgerüstet. Zweiflügige sind kleiner und für eine höhere Drehzahl an der Welle ausgelegt. Der Widerstand, den diese Propeller dem Wasser im Segelbetrieb bieten, ist dementsprechend kleiner als der eines dreiflügligen Propellers. Die notwendige, höhere Drehzahl hat aber zur Folge, dass der Motor für maximalen Schub mehr Zeit braucht. Das Manövrieren und auch das Aufstoppen dauert dementsprechend länger. Der Klassiker ist der dreiflüglige Festpropeller: Er bietet schon bei geringen Drehzahlen kräftigen Schub, beschleunigt dadurch die Manöver und verkürzt Bremswege gleichermaßen. Sein großer Nachteil ist sein gewaltiger Schleppwiderstand, der leicht einen knappen Knoten an Speed kosten kann.

Wesentlichster Punkt bei der Propellerauswahl ist der Wirkungsgrad unter den gegebenen Betriebspunkten. Ideal sind 70 Prozent, das heißt, es müssen also 30 Prozent mehr Leistung, als der Propeller als Schub produzieren muss, an der Wellennabe zur Verfügung stehen. Lässt sich aber die Maschinenanlage an sich nicht mehr ändern, muss ein spezieller Propeller für die Maschine gefunden werden, um ein annähernd optimiertes System zu erhalten. Normal für ein derart optimiertes System sind zirka 40 bis 50 Prozent Wirkungsgrad. Optimierte Propeller sind in allen Größen für alle Schiffe zu haben, sie optimieren zum einen die Geschwindigkeit des Schiffes, zum Zweiten sind es so genannte Falt- oder Drehflügelpropeller, die sich in Segelstellung strömungsgünstig verstellen. Der so verringerte Schleppwiderstand lässt selbst auf Regattaschiffen den Einsatz großer, dreiflügliger Propeller zu.

Die Unterschiede der verschiedenen Propeller sind eklatant: Während zweiflüglige Propeller häufig einen Wirkungsgrad von unter 10 Prozent haben, können unterschiedliche Dreiflügelpropeller den Wirkungsgrad auf 15 bis 40 Prozent treiben. Ohne Änderung der Maschinenanlage würde das bei einem gut neun Meter langen Schiff mit 21 kW in der Praxis bedeuten: Speed mit Standardpropeller 5,5 Knoten und mit der optimalen Lösung 7,7 Knoten.

Zwar ist ein Drehflügelpropeller 3,5-mal teurer als der zweiflügelige Faltpropeller, steigert jedoch die Leistung um das fünffache. Sowohl ökonomisch als auch ökologisch ist der optimierte Propeller sinnvoll, kann man doch mit wesentlich geringerer Drehzahl und damit mit weniger Kraftstoffverbrauch verschiedene Geschwindigkeiten bis zur Rumpfgeschwindigkeit fahren.

Die Unterschiede zwischen einem guten und einem schlechten Propeller sind von außen fast nie zu sehen. Ob der Propeller wirklich unter das Schiff passt, lässt sich erst bei einer Probefahrt beurteilen, wenn der gewünschte Erfolg ausbleibt oder sich einstellt. Werftseitig sollte daher eine Garantie vorliegen, welchen Speed das Schiff mit seiner Maschine fahren kann, sonst muss nach der Auslieferung nachgebessert werden. Zu sehen ist das einfach an der möglichen Drehzahl. Die PS- beziehungsweise kW-Leistung eines Motors wird immer bei einer Nenndrehzahl angegeben und lässt sich aus den »Technischen Da-

Die Maschine

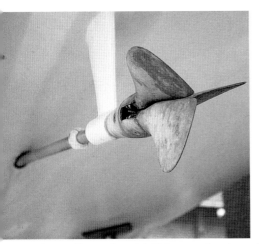

Faltpropeller machen sich klein unter Segeln und groß unter Maschine. Foto: Reissig

ten« des Herstellers entnehmen. Fahren Sie zum Beispiel eine Yacht mit einer Maschine mit 40 PS zur Probe, die ihre Leistung bei 3.600 Umdrehungen in der Minute haben soll, so muss diese Drehzahl bei Volllast auch erreicht werden. Bleibt sie deutlich darunter, ist der Propeller zu groß und Sie haben in der Realität so vielleicht nur 30 PS zur Verfügung, hätten also für etwas bezahlt, das Sie nicht nutzen können. Umgekehrt darf die Nenndrehzahl auch nicht stark überschritten werden, sonst ist der Propeller zu klein und Sie können die erreichte Leistungsspitze bei Nenndrehzahl nicht in Geschwindigkeit umsetzen.

Prinzipiell muss man vor allem aber keine Angst vor der möglichen Geschwindigkeit unter Motor haben. Auch wenn Ihr Schiff eine Segelyacht ist, so spricht nichts dagegen, mit acht Knoten nach Hause zu fahren, wenn der Wind einschläft. Mit einem 40-PS-Motor dann propellerbedingt demütig mit sechs Knoten dahinzuzotteln, hat nichts mit einem besonders seglerischen Charakter zu tun, um zu zeigen, dass Motoren ja völlig unwichtig sind; vielmehr kann man sie ja in einem ökologisch sinnvollen Maß nutzen. Wenn man den Speed nicht möchte, sollte man die Maschine lieber eine Nummer kleiner und leichter wählen.

Bugstrahlruder

Neben dem Vorankommen ist der Motor auch bei den Hafenmanövern unverzichtbar. Gerade im Mittelmeer oder in der Ostsee kann man die Yacht zwischen den Pfahlreihen manchmal nicht einmal mehr wenden, Manöverfähigkeit auf kleinstem Raum ist also gefragt. Wie das Schiff reagiert, stellen Sie während der Probefahrt fest, wenn Sie das Anlegemanöver so fahren, wie Sie es später tun werden. Also allein, ohne hilfreiche Profis an Bord, die zudem auch noch den Hafen ganz genau kennen. Hat das Schiff eine Doppelruderanlage, einen Hubkiel oder ist schlicht sehr groß, kann es schnell eng werden.

Abhilfe schafft ein Bugstrahlruder, das heute

Bugstrahlruder

Ist das Schiff im Vorfuß flach, muss eventuell ein ausfahrbares Bugstrahlruder montiert werden. Foto: Reissig

nicht mehr nur riesigen Luxusyachten vorbehalten ist. Auch kleinere Schiffe um die 40 Fuß bedienen sich mittlerweile dieses praktischen Hilfsmittels. Wichtig ist, dass sich der Propeller weit genug unter Wasser befindet und im Manöver keine Luft von der Oberfläche ansaugen kann. Je tiefer der Vorfuß des Schiffes, desto leichter ist der feste Einbau in den Rumpf. Bei einem sehr flachen Vorfuß muss eventuell auf ein hydraulisch nach unten ausfahrbares Bugstrahlruder zurückgegriffen werden. In jedem Fall sollte das Bugstrahlruder in der Bauwerft installiert werden – die Nachrüstung in der komplett fertigen Yacht kostet ungefähr das Doppelte einer Vorabbestellung.

DIE MASCHINE

Saildrive
+ vibrationsarm
+ kurze Baulänge
+ wenig Radeffekt
+ waagerechte Propellerwelle

− Technik unter Wasser
− Reparaturen nur an Land möglich
− späte Anströmung des Ruders
− nur bis zu 42 KW möglich

Starre Welle
+ keine Technik unter Wasser
+ Reparaturen im Wasser möglich
+ direkte Anströmung des Ruders
+ jede Maschinengröße möglich

− Radeffekt spürbarer
− Vibrationen möglich
− Welle kann herausrutschen

Propelleroptimierung
+ Schiff erreicht Rumpfgeschwindigkeit
+ Motor erreicht Nenndrehzahl
+ Motor erreicht maximale Leistung
+ Motor kann eventuell kleiner sein
+ geringerer Widerstand von Drehflügelpropellern

− hoher Propellerpreis

20. Die Technik

Will man etwas über notwendige oder überflüssige Technik an Bord hören, dann unterhält man sich am besten einmal mit einem Langfahrtsegler. Die Geschichten über Reparaturen dauern endlose Abende und könnten Bücher füllen. Zumeist geht es um Anbauteile und Zubehör, das unerreichbar für jede Reparatur in das Schiff eingebaut wurde. Der Einfallsreichtum der Werften scheint dabei grenzenlos zu sein: Das kann eine WC-Pumpe sein, die offensichtlich an der Rückwand der Nasszelle montiert wurde, bevor die Nasszelle einlaminiert wurde, oder eine Waschmaschine, die im Bau bei abgenommenem Deck installiert wurde und nach Aufsetzen des Decks nie wieder in einem Stück durch den Niedergang passt. Prinzipiell gilt für jedes Schiff: Alles, was einmal eingebaut wurde, geht im Leben des Schiffs garantiert einmal kaputt. Der Langzeitsegler und Buchautor Klaus Hympendahl fasste es so zusammen: Eine Weltumseglung ist nichts anderes, als sein Schiff an den schönsten Orten der Erde zu reparieren.

Elektrik

Man kann bei der Technik nicht auf alle Fußangeln eingehen, Sie müssen nur extrem sensibel sein, gerade wenn es um elektrische und Hightech-Geräte geht. Hinter dem schönen Schein versteckt sich häufig ein Kabelverhau, den nicht einmal ein Fachmann überblickt. Versuchen Sie einmal den Kabeln zu folgen, die zum Beispiel bei einem serienmäßigen Instrumentensystem in das Schiff verlegt wurden, und stellen Sie sich eine Reparatur bei dreißig Grad im Schatten vor. Da nehmen Verbindungskabel von einer Logge zum Instrument für eine direkte Strecke von gerade einmal fünf Metern schon einmal den Weg unter der WC-Kabine hindurch, hinter die Tanks, in die Decke, durch die Backskiste (kein Witz!), zurück in die Decke (an einer anderen Stelle) und zum Instrument. Insgesamt 15 Meter durch alle Ecken des Schiffs! Der Austausch dauert bei zwei durchschnittlich begabten Menschen gern einen ganzen Nachmittag, inklusive dem Aufschneiden von Schläuchen, Bohren neuer Löcher und ohne Garantie, dass das Kabel den immensen Zug beim Einziehen schadlos überstanden hat.

Wer kein ausgesprochener Elektronik-Freak ist oder wer mit dem Schiff eine längere Reise plant, sollte sich bei der Wahl der Instrumente auf das nötige Minimum beschränken, also auf Logge, Speedo, GPS und Autopilot, und auf eine nachvollziehbare Vernetzung achten. Die Handbücher für alle Instrumente füllen sonst einen großen Ordner und sind oft nicht einmal in Deutsch vorhanden. Die Interaktionen von Netzwerken sind selbst für Fachleute kaum nachzuvollziehen, und der Unterschied zwischen Funktionieren oder Stillstand der ganzen Anlage liegt oft in einem Untermenü der Software versteckt, das fast nicht wiederzufinden ist.

Um für den gesamten Energiehaushalt zu sorgen, sollten für den Motor und das Bordnetz jeweils eigene Batterien zur Verfügung stehen, die durch separate Schalter zugeschaltet werden. Kombischalter haben sich als echte Batteriekiller erwiesen, wenn aus Versehen die leere Bord- und die volle Motorbatterie zusammengeschaltet wurden und danach auch die Maschine nicht mehr ansprang. Ampere- und Voltmeter auf der Schalttafel sind deswegen ein absolutes Muss, um den Zustand der Akkus zu überprüfen. Die Menge der Batterien ist stark von den Verbrauchern an Bord abhängig. Ein Zehn-Meter-Schiff mit Kühlschrank, Autopilot und Heizung sowie den üblichen Verbrauchern Licht, Instrumenten, Radio und Wasserpumpe kommt mit einer 180-Amperestunden-Batterie ohne zu laden gerade einmal 24 Stunden aus. Da nehmen sich die serienmäßigen 75 Amperestunden für die 38-Fuß-Variante einer Großserienwerft eher ein wenig mager aus, zumal die als Extra angebotene Zusatzbatterie genauso wenig Leistung hat. Zum Vergleich: Hallberg Rassy liefert seine 37 serienmäßig mit 280 Amperestunden Batteriekapazität aus. Handelt es sich bei den Batterien nicht um Gel-Batterien und sind sie im Innenraum untergebracht, müssen sie gegen die entstehenden Gase luftdicht abgeschlossen und mit einer Entlüftung nach draußen versehen sein. Ungefähr doppelt so teuer, aber praktisch wartungsfrei sind so genannte Gel-Batterien, bei denen die Säure nicht in flüssiger Form gebunden ist. Vor allem als vielbenutzte Verbraucherbatterie ist die Gel-Variante ideal, da sie im Gegensatz zur Säureschwester bis zu sechsmal häufiger in einem Batterieleben ent- und wieder geladen werden kann.

Um selbst Zusatzinstallationen vornehmen zu können, sollten alle Kabel in großzügigen Kabelkanälen oder -rohren liegen, ungefähr 40 Millimeter Durchmesser haben sich als guter Wert herausgestellt. Das Wichtigste ist, dass sie an Engstellen auch wirklich durchgehen und nicht enden und nach einer Schmalstelle neu anfangen. Hier bleibt garantiert jedes Kabel beim Nachziehen später hängen. Damit große Spannungsverluste im Netz vermieden werden, müssen die Kabel bei verschiedenen Längen verschiedene Querschnitte aufweisen. Kann zum Beispiel eine Kartentischlampe über dem Schaltpaneel noch sehr dünne Kabel vertragen, so muss die Steckdose im Vorschiff für den kleinen Staubsauger mit mindestens 2 mal 2,5 mm^2 starken Kabeln angeschlossen sein.

Nachträgliche Verkabelungen werden in vielen Schiffen übrigens noch viel nachlässiger installiert, als die teilweise schon unübersichtlichen aus den Werften. So ist eine beliebte Ursache für Leckagen in der Vorschiffskabine die nachträglich eingebaute elektrische Ankerwinde, weil die durchs Schott gesteckten Kabel einfach nicht abgedichtet wurden.

Wasser
Wer glaubt, dass große Wassermengen eine reine Sicherheitsvorkehrung auf Langfahrtschiffen sind, der irrt. Meist gilt: je länger die Strecke, desto weniger Wasser wird verbraucht. Die Körperhygiene beschränkt sich entweder auf das Notwendigste oder der Ozean und ein Klecks Salzwassershampoo erfüllen den gleichen Zweck. Der große Wasserverbrauch findet auf kurzen Strecken statt, wo der nächste Wasserhahn zum Bunkern nicht weit ist und man sich zwischendurch schon mal die Hände wäscht oder in der Ankerbucht eine Dusche nimmt. Mit der fürs Langstreckensegeln ausgelegten Faustregel von fünf Litern pro Tag und pro Person kommt man meist nicht mehr zurecht.
Deswegen sollte ein Schiff, je nach Reisegebiet und Personenzahl an Bord, immer über

Die Technik

reichliches Bunkervolumen für Wasser verfügen. Doch Achtung! Natürlich sollten dabei nicht die gut zugänglichen Stauräume mit Wassertanks verbaut, sondern für Nahrungsmittel und Dinge des täglichen Gebrauchs freigehalten werden. Auf vielen modernen Konstruktionen werden, um bessere Segeleigenschaften zu erzielen, die Salonkojen mit Tanks verbaut, während schwierige Plätze wie unter der Vorschiffskoje ungenutzt bleiben. Mit sämtlichem Gewicht im Zentrum wäre ein Fahrtenschiff ideal getrimmt, bei tief gehenden Yachten ist daher der Tank in der Bilge ideal. Da bei flachen Schiffen aber nahezu keine Bilge vorhanden ist, muss wieder auf die Stauräume zurückgegriffen werden, und da sollten sich die Tanks möglichst optimal in die Ecken schmiegen, um keinen Raum zu verschenken.

Als günstigste Alternative finden gerade im Großserienbau flexible Wassertanks aus Folie Verwendung. Ihr großer Vorteil ist, dass der Raum, in dem sie untergebracht werden, nicht hundertprozentig ausgemessen werden muss. Ein ungefähr auf das Maß des Raumes zugeschnittener Tank sucht sich schon seinen Platz, ohne dass er aufwändig angepasst werden muss. Das allerdings ist auch gleichzeitig das Problem: Viele Knicke lassen ihn vorzeitig verschleißen, und Anschlüsse für den Zu- und Ablauf werden leicht abgeknickt. Reinigen, kontrollieren und seinen Inhalt messen kann man fast gar nicht, und im Seegang reibt er zusätzlich fortwährend auf seiner Unterlage.

Feste Tanks aus Kunststoff, wie sie von vielen Firmen angeboten werden, sind in jedem Fall sinnvoller, es handelt sich dabei jedoch meist um Standardtanks, die um sich herum noch viel Raum freilassen, der zum Stauen praktisch nicht mehr genutzt werden kann. Werften, die ihre Schiffe in Sachen Stauraum und Tankkapazität optimieren, lassen sich die Tanks daher zumeist aus Niroblech oder Kunststoff auf Maß fertigen und ins Schiff einpassen.

Gegenüber Alu- oder Nirotanks, die sehr stabil und gegen Veralgung zudem lichtdicht sind, haben aus Polyäthylen bestehende Wasserreservoirs trotzdem Vorteile: Sie sind leicht, sehr stabil (bei 7 bis 10 Millimeter Wandstärke), einfach sauber zu halten und leiser bei Schwappgeräuschen. Meist wird werftseitig eine elektrische Pumpe mit Trennventilen für die verschiedenen Tanks vorgesehen. Je weniger Wert dabei auf die Wahl von Pumpe und Installation gelegt wird, desto mehr Schwierigkeiten macht das Druckwassersystem am Ende. Ideal ist ein installierter Druckausgleichsbehälter, der das Wassersystem gleichmäßig laufen lässt. Ohne diesen Zusatz laufen die Pumpen häufig über Minuten und Stunden trocken, ohne Druck aufzubauen und sich so selbst abschalten zu können. Sowohl die Pumpen als auch die Batterien leiden darunter über die Maßen. Daher sollte idealerweise eine manuelle Fußpumpe eingeplant werden, die sich per Hebel sehr genau dosieren lässt. Neben dem geringeren Energieverbrauch (um die drei Ampere bei einer elektrischen Pumpe) kommt der verminderte Wasserverbrauch und die Möglichkeit der Wasserentnahme bei einem elektrischen Ausfall hinzu. Nicht zuletzt dankt es die Freiwache, wenn die elektrische Pumpe nicht mitten in der Nacht unter dem Kopfende der Koje loslegt.

Toiletten

Schiffe ohne Toiletten sind heutzutage so selten, wie solche ohne Motor. Selbst weit unter 25 Fuß finden Pumptoiletten immer noch irgendwo einen Raum. Günstigster Anbieter und damit in vielen Großserienschiffen vertreten ist der englische Hersteller ITT. Nach oben gibt es preislich fast keine Grenze, und ob eine Holztoilettenbrille oder verchromte Messingbeschläge tatsächlich sein müssen, bleibt dem künftigen Eigner überlassen. Allen gemein ist eines: Sie machen Probleme – und zwar meist durch Fehlbedienung wie zu viel Papier, Anpumpen gegen geschlossene Ventile oder mangelnde Wartung.

Wenn der Platz es zulässt und die Yacht auch Strecken über See gehen soll, ist ein WC-Raum direkt im Niedergangsbereich ideal. Je weiter vorn er liegt, desto weiter entfernt er sich aus dem Drehpunkt des Schiffes und gerade bei Welle können die Bewegungen hier sehr unangenehm werden. Konstruktiv sind WC und Ventile meist so eingeplant, dass sie leicht zu installieren sind. Das heißt, alle Ventile (Waschbecken, Toilettenauslass und Seewassereinlass) liegen möglichst dicht beieinander und sind möglichst alle unter dem Waschbecken leicht zu erreichen. In der Praxis hat diese Anordnung jedoch häufig ihre Tücken, wenn beispielsweise das Einlassventil nur 20 Zentimeter unter der Wasserlinie liegt und schon bei leichter Lage kein Spülwasser mehr ansaugt. Idealerweise sollte sich der Seewassereinlass daher möglichst weit unten im Rumpf befinden, wo er auch bestimmt immer im Wasser ist. Das hat auch für die Benutzung vor Anker Vorteile: Durch die Einlassventile können nicht kleinste Papierschnipsel eingesaugt werden, die gerade aus dem Auslass herauskommen. Häufig versagen dann die empfindlichen Klappenventile in der Toilette schnell den Dienst. Zu sehen ist diese Anordnung am besten auf der Messe von außen: Liegen kurz unter der Wasserlinie drei Borddurchlässe dicht nebeneinander, müssen auf See auf einem Bug die Segel gefiert werden, um die Toilette zu benutzen. Um die Toilette bei Laune zu halten, empfehlen Langzeitsegler ab und zu einen Schuss Speiseöl hindurchzupumpen. Das hält Dichtungen und Ventile elastisch.

DIE TECHNIK

Kriterien

- Kabel müssen zugänglich sein
- großzügige Kabelkanäle
- ausreichende Batteriekapazität
- ausreichende Kabelquerschnitte
- keine Kombitrennschalter
- Volt- und Amperemeter an der Sicherungstafel
- ausreichende Wasserkapazität
- Fußpumpe als Backup
- Toiletteneinlassventil tief in der Bilge

21. Die Kosten

Die Diskussion über das ideale Schiff könnte hier eigentlich enden, und wer sich seinen langjährigen Traum vom großen Schiff bewahren möchte, der hört hier besser auf zu lesen.

Leider kann das ideale Schiff immer nur im Zusammenhang mit den entstehenden Kosten gesehen werden. Dabei geht es nicht um die Preiswürdigkeit verschiedener Werften, sondern vielmehr um die unvermeidbar entstehenden Kosten, also die, die nur dadurch existieren, dass in Zukunft ein Schiff da ist. Dieser reine Betrieb wird zumeist unterschätzt und macht neben den teilweise gewaltigen Summen für Reparatur, Ersatzteile und Nachrüstung oder Diesel und GfK-Shampoo noch einmal einige tausend Euro aus.

Jeder Meter mehr

Wichtig ist dabei zu wissen, dass dieser Faktor – wie die Reparaturen auch – direkt von der Größe des zukünftigen Schiffs abhängig ist. Das heißt, wenn Großserienwerften mit günstigen Preisen für relativ große Schiffe locken, kann ein vermeintlich ein, zwei Meter größeres Schnäppchen den zukünftigen Besitzer schnell an den Rand des finanziell Machbaren treiben, einfach durch die laufenden Kosten. Betrachtet man zum Beispiel exemplarisch die vier Schiffe zwischen 30 und 41 Fuß der deutschen Bavaria-Werft, die sich in den letzten Jahren durch sehr bezahlbare Yachten einen Namen gemacht hat, wird die Sache an den entstehenden Kosten deutlich. Liegt zum Beispiel zwischen den Standardpreisen einer Bavaria 36 und einer 38 lediglich eine Differenz von 17000 Euro, so erhöht diese sich nach Hinzufügen der nötigen Extras (zirka 15% vom Standardpreis) schon auf knapp 20000 Euro. Diese Rechnung ergibt sich, wenn man davon ausgeht, dass Preise für Extras bei größeren Schiffen proportional mit ansteigen.

Noch deutlicher wird der Unterschied bei direkt größenabhängigen und jährlich wiederkehrenden Kosten wie Liegeplatz, Auf- und Abslippen, Antifouling oder Versicherung. Hier kostet die 38-Fuß-Variante den zukünftigen Besitzer schon über 400 Euro mehr als das 36-Fuß-Schiff, ein weiterer Meter noch 400 Euro und so weiter.

Wohlgemerkt handelt es sich nur um die Differenz zwischen den Kosten. Absolut sind die Beträge natürlich viel höher (siehe Tabelle auf Seite 158). Nimmt man alles zusammen, kommen auf Kaufpreis, Überführung oder Fahrtkosten zum Liegeplatz bei einem Elf-Meter-Schiff im ersten Jahr fast 7000 Euro zusätzlich auf den zukünftigen Eigner zu.

Bei gut zwölf Metern sind es neben dem höheren Kaufpreis von 20 000 Euro dann schon fast 7700 Euro im ersten Jahr, bis hin zu gut 8400 Euro jährlich bei einem gerade einmal 1,10 Meter längeren Schiff.

Wartung

In der Theorie reduziert sich diese Geldmenge in den Folgejahren um die ersten Kosten wie Vereinsbeitritt oder Investitionszuschuss für die Winterlagerhalle. Bleiben theoretisch bei elf Metern zirka 2800 Euro Jahresbelastung, bei zwölf Metern 3200 und bei 12,5 Metern über 3600 Euro. Praktisch setzen nun aber die Reparaturen und das Ersetzen von altem Material ein, was wieder direkt von der Größe abhängig ist. In unserer Tabelle stehen als Beispiel dafür neue Segel, wenn nach drei intensiven Segelsaisons aus dem recht günstigen Serientuch langsam die Form schwindet. Proportional dazu wachsen bei größeren Schiffen zum Beispiel Baumpersenning und Sprayhood und vor allen Dingen auch die Dimensionen von Schoten, Fallen und Streckern. Das Gewicht ist gerade bei laufendem und stehendem Gut sowie den Beschlägen ein nicht zu unterschätzender Faktor: Eine gleich große, aber schwerere Yacht verlangt nach denselben schweren Segeln wie die nächstgrößere in dem Bavaria-Beispiel. Die Reparaturen, die die Segelei zwangsläufig so mit sich bringt, sind auch nicht eben Cent-Beträge. Der Eigner einer zwölf Meter langen klassischen Regattayacht sagte beim Anblick seiner verbogenen Snatch-Blöcke auf Helgoland: »Die guten Wochenenden sind immer vierstellig!«, enden also mit Reparaturen ab 1000 Euro.

Das alles soll natürlich niemanden vom Kauf eines Schiffes abbringen, aber vielleicht ist es für die realistische Einschätzung ganz nützlich. Wenn man seinen Segel-Jahres-Etat betrachtet und mit den realistischen Kosten für verschiedene Yachttypen vergleicht, ist die Auswahl der idealen Yacht schon sehr viel einfacher, weil um ein Vielfaches reduziert. Vielleicht ist es hilfreich, nach der Lektüre dieses Buches die nächste Messe damit zu verbringen, Zubehörpreise zu vergleichen und Angebote von Yachthäfen, Versicherern und Segelmachern einzuholen, bevor man sich für sein ideales Schiff entscheidet.

Sicherlich ist der Bootskauf dann nicht mehr ganz so spannend und weniger emotional, aber es erspart Ihnen wahrscheinlich das böse Erwachen, weil Ihre Traumyacht Ihnen dann nicht die Haare vom Kopf frisst, sondern ein Ort ist, an dem Sie gerne sind.

Schiffstyp	Bavaria 32	Bavaria 36	Bavaria 38	Bavaria 41
LüA x Breite in m	10,30 x 3,35	11,40 x 3,60	12,13 x 3,87	12,55 x 3,99
Fläche in m^2	34,5	41	47	50
Verdrängung t	3,9	5,5	7,0	7,9
Einmalige Kosten				
Kaufpreis in €	69 250,–	82 950,–	100 050,–	128 550,–
Differenz Kaufpreis in €	**0,–**	**13 700,–**	**30 800,–**	**59 300,–**
Kaufpreis inkl. Extras (+15%) in €	79 638,–	95 393,–	115 058,–	147 833,–
Differenz inkl. Extras (+15%) in €	**0,–**	**15 710,–**	**35 375,–**	**68 150,–**
Investitionsumlage Liegeplatz 88,50 €/m^2**	3053,25	3628,50	4159,50	4425,–
Mietvorauszahlung Winterplatz 7,70 €/m^2**	265,65	315,70	361,90	385,–
Summe einmalige Kosten (ohne Kaufpreis) in €	**3318,90**	**3944,20**	**4521,40**	**4810,–**
Einmalige Mehrkosten in €	**0,–**	**625,30**	**1202,50**	**1491,10**
Jährliche Kosten				
Liegeplatz 14,52 €/m^2**	500,94	595,32	682,44	726,–
Parkplatz €/Saison**	25,60	25,60	25,60	25,60
Kranen 6,10 €/m^2**	210,45	250,10	286,70	305,–
Winterliegeplatz 25,10 €/m^2**	865,95	1029,10	1179,70	1255,–
Lagergestell Miete/Jahr in €**	112,50	112,50	112,50	112,50
Antifouling m^2/€	95,–	108,–	117,–	159,–
Haftpflicht in €***	98,16	98,16	98,16	98,16
Kasko in €***	501,72	600,98	724,87	931,35
Summe jährliche Kosten in €	**2410,32**	**2819,76**	**3226,97**	**3612,61**
Jährliche Mehrkosten in €	**0,–**	**409,44**	**816,65**	**1202,29**
Verschleiß				
Lattengroß m^2/€*	26,8 / 2840,–	30,9 / 3719,–	37,6 / 4533,–	41,3/ 5203,–
Rollreffgenua m^2/€*	32,5 / 1984,–	36,7 / 2249,–	45,8 / 2952,–	47,2/ 3038,–
Summe Segel in €	**4824,–**	**5968,–**	**7485,–**	**8241,–**
Mehrkosten Segel in €	**0,–**	**1144,–**	**2661,–**	**3417,–**

*Dacron Crosscut, Preise: Segelmacherei Beilken, **Kosten bei einer Vereinsmitgliedschaft am Beispiel der Hamburger Yachthafen Gemeinschaft, ***Beiträge: Pantaenius GmbH & Co, Kasko bei 1000,- € Selbstbeteiligung

Weitere Bücher für Bootseigner mit technischen Interessen

Tim Bartlett
Außenbordmotoren
Funktion, Arbeitsweise, Pflege und Wartung
Praxisband zu Technik, Wartung und Pflege von Außenbordmotoren.
ISBN 3-7688-1304-5

Don Casey
Der Yacht-Check
Mängel erkennen und beseitigen
Umfassender Check für Käufer und Verkäufer von gebrauchten Kunststoffyachten.
ISBN 3-7688-1150-6

Don Casey
Pflege rund ums Boot
Eigene Wartung und Pflege von Holz-, Stahl- und Kunststoffyachten. Viele exte. instruktive Zeichnungen, knappe T
ISBN 3-7688-0982-X

Don Casey
Rumpf- und Decksreparaturen
Kleine und große Bootsreparaturen: Praxisgerechte Schritt-für-Schritt-Anleitung mit anschaulichen Bildfolgen.
ISBN 3-7688-1028-3

Gerti Claußen
Seekrankheit aktiv bewältigen
Seekrankheit vorbeugen und bewältigen mit allen Mitteln: alternative Heilmethoden und Psychologie.
ISBN 3-7688-1047-X

Robbert Das / Erik von Krause
Manöver für Segler
Die Manöver der Profi-Regattasegler für Einsteiger und erfahrene Skipper.
ISBN 3-7688-1427-0

Rolf Dreyer
UKW-Funkbetriebszeugnis und Sprechfunkzeugnis für die Binnenschifffahrt
Mit den amtlichen Prüfungsfragebogen
Der aktuelle Lehrstoff zu den Prüfungsanforderungen für SRC und UBI. Mit offiziellen Frage- und Antwortkatalogen.
ISBN 3-7688-1429-7

Jens Feddern
Theorie und Praxis der Bordelektrik
Alles, was Bootssportler über Strom an Bord wissen müssen: Batterie, Generator, Installation, Sicherung.
ISBN 3-7688-0913-7

Garth Graves
Holzarbeiten auf Yachten
Für nützliche Bootseinrichtungen aller Art: Schritt-für-Schritt-Anleitungen für Wochenend-Bastler, auch für Anfänger.
ISBN 3-7688-1227-8

Jürgen Hauert
Medizinischer Ratgeber an Bord
Erste Hilfe und Vorbeugung für Verletzungen und Erkrankungen an Bord.
ISBN 3-7688-1015-1

David Houghton
Das Wetter auf See
Was jeder Bootssportler über das Wetter und seine Entstehung wissen sollte.
ISBN 3-7688-1114-X

Werner Kumm
Praxis der GPS-Navigation
Einführung und Ratgeber für die Praxis.
ISBN 3-7688-1016-X

John Mellor
Der Fahrtensegler
Tipps und Ratschläge für die Praxis
Wertvolle Tipps eines erfahrenen Skippers.
ISBN 3-7688-1305-3

Claus Reissig
Das ideale Schiff
Typen – Ausstattung – Kosten
Objektive Entscheidungshilfen und handfeste Beurteilungskriterien zum Kauf und Chartern von Yachten.
ISBN 3-7688-1350-9

Don Seddon
Der Bootsdiesel
Funktion, Wartung und Reparatur
Alles über das wichtigste Stück der Sicherheitsausrüstung an Bord.
ISBN 3-7688-1078-X

Peter White
Der Außenborder
Funktion, Wartung und Reparatur
Anschauliche Einführung in Technik, Handhabung und Pflege von Außenbordern.
ISBN 3-7688-1096-8

Peter White
Motorbootfahren
Das Einsteigerbuch
Praxis für den Sportbootführerschein Binnen/Motor.
Mit Manöver-Bildsequenzen und Kauf- und Wartungs-Tipps.
ISBN 3-7688-1259-6

Bryan Willis
Die Regeln beim Segeln
Wettfahrtregeln in Bildern
Anwendung der neuen Wettfahrtregeln 2001 bis 2004 in typischen Regattasituationen: So nutzen Segler alle Rechte.
ISBN 3-7688-1048-8

Alle Bände:
Format 14,8 x 21 cm, kartoniert

Erhältlich im Buch- und Fachhandel

DELIUS KLASING